金ではなく鉄として

中坊公平

中坊公平

金《きん》ではなく鉄として

聞き手・構成　武居克明
写真撮影　郭　允

岩波書店

目次

第三章

第四章

第五章

装丁・多田進

プロローグ

刃物

弱いから、最後はかぶりついた

京の街の夕暮れ時、私の家に近い路上で、小学校三年か四年の私は、ケンカ相手の少年の腕にかぶりついていた。六十年たった今も、その時の、みるみる口いっぱいになった血のすごい生臭さを、はっきりと覚えている。

血を吐き出したい。だが、口を離したら最後、自分には惨めに叩きのめされる運命しかない、ということも知っていた。一瞬迷った後、私は無我夢中で血を飲み込んだ。

❖

私は虚弱で、小柄な子だった。運動神経も人並みのレベルまで到底いかない。ほかの子についていけないため幼稚園にも行けず、小学校に入っても、入院生活が続いて成績がつかなかったり、通院を繰り返したりした。生まれつき強度の近視で視力〇・一以下。このため一年生からメガネをかけていた。寝小便は十六歳までやまなかった。ツメを噛むクセがいつまでも続いた。

友達とのつき合いもできず、母が私を近所の子たちのところに連れて行き、お菓子を配って「遊んでやってね」と頼んだものだ。それでしばらくは遊んでもらえるけれど、やっぱりはぐれてしまう。

そんな弱い、仲間もいない子は、いじめられてもケンカにならない。殴られてメガネが飛んだら、もう何も見えないのだし。

あの時のケンカでは、やっつけられているうち、とっさに噛みつき、殴られても蹴られても絶対に離さなかった。私は、考えうる限り唯一、自分にできる対抗手段を見つけたのだ。ただ、後がひと騒ぎだった。相手は外科に運び込まれる。母は私をつれて相手の家にお詫びに行く……。

前に、ある経済人にこの話をしたら、「自分もガキ大将でよくケンカしたが、どんな傷を与えるか考えてしまうから、そこまでは怖くてできない。ケンカにも、相手が倒れたり、血だらけになったりしたらやめとく、という暗黙のルールがあった」と言われてしまった。

でも、私のは文字どおり窮鼠《きゅうそ》猫を噛む。弱い者が追い込まれると、極端な行動に走らざるを得ない。それを選んでいるのではなく、ほかにやりようがなかった。

あの時の私にとって、歯は「刃物」だった。結果もリッパに傷害罪を構成している。小学生だったから歯ですんだが、十七、八歳だったら、本物の刃物やバットを持ち出していたかもしれない。

◆

10歳のとき家族と(右端が本人). 父・忠治が弁護士になった翌年(1929)に生まれ,「公平」と命名された

最近の少年事件で、加害者も実は、以前にいじめの被害にあっていた、というケースがしばしばある。私と彼らの間にはある種、共通するものがあるのではないか、という気がする。中には、弱さゆえに、自分を追い込んだ相手に立ち向かえず、もっと弱い子どもや老人に刃物を向けてしまったケースもあるようだが。

私は、こうした事件を起こす少年たちを、自分と全く無縁な種類の人間とは思えない。私の場合、母にきつく叱られ、以後この手を使うことはなかった。でも、あの体験があるのとないのでは、その後の私の人生は大きく違ったのではないか。

私はひどい劣等生でもあり、結局、弱いけど秀才というのでも、勉強はできなかったけど元気というのでもない、両方ともあかん少年だった。

しかし、そんな自分でも、最後はかぶりつき、血を飲みとおしてでも闘う本能を持っていることに気がついた。私にはあれ以来、妙な自信ができた。

森永ヒ素ミルク中毒事件や豊田商事事件、住宅金融専門会社（住専）の後始末、豊島《てしま》（香川県）の産業廃棄物問題などに取り組んできた私は、もしかしたら「正義の人」みたいに見えるかもしれない。

でも、大きな企業や銀行、闇の勢力、行政と、苦しくて時に孤独な闘いを続けてこられた根底に、あの時の体験があるように思う。

自分のような人間は、ほかの人は嫌がってせんようなことでもやらな、生きていけん。けど、そう覚悟決めたら道はあるのや――私は今もそう思っているし、向こうに回した人たちからは、少なからず「中坊は何するかわからん人間だ」と思われているようだ。

❖

本書の題「金ではなく鉄として」は、私のこのような生き方を指す父の言葉で、父がこれを口にしたエピソードはこの後にお話ししよう。

こうしたことをいま率直に語りたいと思うのは、現在が、自分が世間の評価の物差しからはずれていることに、大きな「不安」を抱えて生きる人が多い時代だからだ。

「委縮せんかて、人の生きる道はいろいろでっせ。大丈夫、僕だって見てみ、なんとかなっとる」という信号を送ってみたい。よろしかったらお付き合い願いたい。

第一章

金メッキ　人並み以下で、ぼんぼんで

私は出来の悪い子だった。小学校の成績表は、成績のいい順に甲乙丙《へい》で、甲は作文と、たまにもう一つくらい。あとは乙と丙が半々だった。

皮肉にも、私は元小学校の教員夫婦の子どもだ。父・忠治と母・富は、京都の同じ小学校に勤めていたが、ともに校長の排斥運動をやり、その中で結ばれ、結局二人とも辞職した。父は夜学に通って弁護士になり、その翌年(一九二九)に私が生まれた。

❖

私の小学校の担任だった西田先生は、あるとき父に「息子さんの成績はあまりにひどい。ご両親とも小学校の先生だったのだから、少しは家で勉強を見てやられてはどうですか」と忠告した。これは私が社会人になってから、西田先生に聞かされて知ったことなのだが、そのとき父はこう言ったという。

——残念ながらウチの子は「金《きん》」ではない。勉強でもほかのことでも人より劣る。それでも、親が勉強を見てやれば、一応の格好はつけられるだろう。でも、それは鉄に金メッキするようなものだ。メッキはいずれ、はがれる時がくる。それこそ本当に当人にとって悲劇だ。それより、鉄は鉄として、メッキせずにどう生きていけるのか、それをもがいて探させた方がいい。今は当人にとってキツくても、人生の出発点にこそ、自分はしょせん鉄なんだと、身に染みてわからせた方がいい——

父が見通したように、私はその後もとうとう金にはならなかった。できなかったら努力して、できるようになっていくのが本道だろうが、人間、それが可能な人ばかりではないのだ。そういう者はダメなのか？　そうじゃない。世の中には間道だってある。

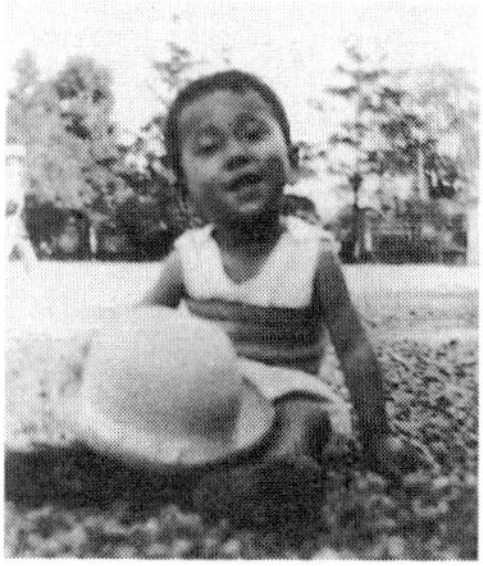

2歳，京都御苑で

ただ、間道は多数の人が行く道ではないから、自分で探さなくてはならない。それぞれが自分の道を求めていくことが、「自立」なのではないか。そのためには、弱く、みすぼらしい自分の現実を直視することが必要で、「それこそ教育の第一歩」というのが、父の考えだったと思う。

私は、「金メッキせんでも、鉄は鉄なりに、生きていけるで」と、今の子どもたちにも親にも伝えたい。だから、これから随分、自分の恥もお話ししようと思うのだ。実際、虚弱で、運動がダメで、友達と遊べず、勉強ができない、というだけにとどまらない。基本的な生活の面でも私はあかんかった。

例えば、高学年になってもクラスの中で私一人だけ、靴のひもが結べない。母がよく、「あんたの手は野球のグラブのようや」と言っていたが、指と指がくっついているみたいに不器用だということ。今もそうだし、ご飯粒なんかをぽろぽろこぼして、しじゅう服の襟元を汚しているのも変わらない。日常の生活動作が人並みにできないのだ。

◈

こんな子どもで、悲しい思いや寂しい思いもしたのだが、にもかかわらず、私は「それでも何とかなるのやろ」と思っていた。いい意味で神経が太かったのではない。ふわふわしていたに過ぎなかった。裕福な弁護士の家庭に育ち、私付きの女中さんがいて、運転席と客席を仕切るガラスの引き戸があるような自動車があって……。「ぼんぼん」として幾重にも保護され、甘やかされていた面があった。

あのままいったら、私はどうなってしまったことか。

3/4 以下

受験に失敗、「自分」が見えた

漫然とした「ぼんぼん育ち」のノンキさといったら、勉強でいえば、二とか四になるべき答えは、「三でも、だいたい合《お》うとる」。「珍」という字のヒゲは「二本でも三本でも、似たようなもんやったらエエのやろ」という具合だ。

夏になると、昔は夜、部屋に蚊帳《かや》を吊《つ》ったものだが、その中で私が、私付きの女中さんにウチワで風を送っとったことを覚えている。子どもだから殊勝にも使用人に……というのと違いまっせ。女中さんに自分の宿題をやらせておったのやから。

❖

本当にいい気なもんで、勉強は、成長のどこか途中から目覚めて頑張ったということもなく、今もダメ。計算はできず、字はウソ字だらけだ。

でも、余談で言わせてもらえば、私は、ソロバン達者が出した数字の桁間違いをよく見つ

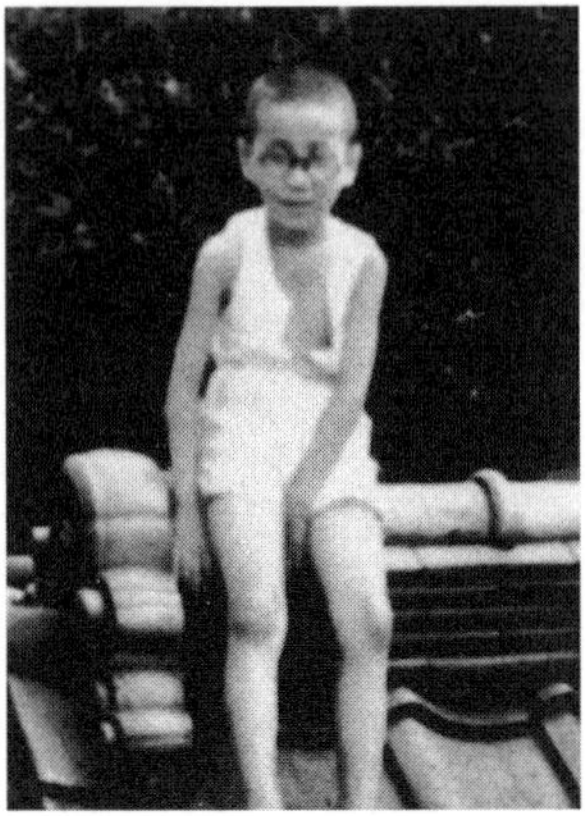

10 歳のころ，自宅の物干し伝いに隣家の屋根によく登っていた

ける。住専の残した不良債権を回収する仕事では、何十億という金額の数字がぞろぞろ出てくる。すると案外、桁間違いとか、「概算でこんな数字になるはずないやろ」というミスがあるものだ。私は細かい数字のツジツマがダメで大ざっぱに見るせいか、こうした間違いに目ざとい。字だって、「概算の字」だからすごい速書きだ。珍のヒゲがどうでも、普通の人はだいたい解読してくれる。だから、欠陥にだって御利益はあるのだ。

とまあ、これは強がり半分。当時の私に何か見るべきところがあっての上なら、こんなダメさも「ほほ笑ましいエピソード」なのだが、これが少年・中坊の全般を覆っていたのだから。

生活から勉強まで、これだけいろんなことが出来ないと、たちまち行き詰まりそうなものだ。けれども私は、ぼんぼん故のおめでたさに目が曇って、自分の姿が見えぬまま、小学校を終えようとしていた。

太平洋戦争の開戦から間もない一九四二年の春、中学(旧制)入試の合格発表の会場で、私は貼り出しを待っていた。その年、京都の中学校の学区が分割されて受験競争が緩和され、四人に三人は合格する広き門になった。私は当然、自分は多数派の合格組に入るものと思っていた。

私の小学校の成績はさんざんだ。親は「鉄に金メッキはせず」ということで、それをあえて放置していた。そんな成績なのに、私は、世の中は何となくうまくいくのだと思っていた。

掲示が始まり、合格者の受験番号を書いた巻紙が広げられていく。父の法律事務所の事務員さんに付き添われて見ていると、四人に三人は合格だから、だいたいの番号は連続していく。……210、211、212、214、215……え、私の213番は?

私の足元の地面だけがスーッと下がっていくような感覚にわしづかみにされた。

「自分は半分より上どころか、四分の三でもまだ入らんようなヤツだったんか」

勉強のことだけでなく、「ただの鉄」としての自分に、否応なく向き合う日々が始まろうとしていた。

かなりや　人目避け、表通りを歩けずに

本当はみすぼらしい人間なのに、ぼんぼん育ちのおかげで、そんな自分に面と向き合わずにすんでいたが、さすがに外の社会の客観的な審判は容赦なかった。

中学入試に落ちて、合格発表会場から家まで三キロほどを、知っている人に会わないよう裏道をたどって帰り、泣きじゃくった。そんな私を、父は自分が寝ていた布団に入れて抱きしめ続けてくれた。

なんで布団かというと、「果報は寝て待て」と言うでしょ。私はこれ以降、受験というものにずっと苦しめられていくが、合格発表の日はいつも、父は本当に布団を敷いて寝て、結果を待っていてくれた。自分が寝ていられないときは、「公平、おまえが寝え」言うてね。いい年した、それも弁護士がそこまでやるかって、やったんやねえ、アカン息子のために。しょうもないことと知りつつ。

母は、「あんたが落ちたんは、軍人を育てようという時代のせいや」と言ってくれた。体が弱く、運動神経がない私の内申書の評価が低いから、というのだが、子どもの私から見たってそんなんは全然、理由になってへん。

◈

結局私は、同志社中学の二次募集で入学した。当時は公立中学に受からない子が行くことの多い学校だった。同じ小学校から公立の進学先は松原中学。小学校の間は近所の子たちが一緒に登校したのに、今度は南の松原中に行くみんなと別に、私一人だけ、とぼとぼ北の同志社中へ向かう。その姿を、かつての仲間や近所の人に見られたくなくて、やはり表通りは歩けなかった。

1歳10カ月のころ，母と

両親の慰めは、他人から見たら滑稽《こっけい》だろうし、こじつけの理屈だろう。だが、その懸命な様子は、私にとって大切な思い出になっている。

「金ではなく……」という言葉とともに紹介したように、私の親は、本質的には甘かったわけではない。だが、子どもが危機の時はこのように、砂糖よりもなお甘かった。私のような弱い子にとって、あの時は確かに危機だったのだ。

あの親の心根を、私は「絶対的な受容」だと思う。良い子だったら、成績が良かったら、よく頑張ったら……私もあなたを大切に思うという、何かの評価を伴った「条件付き」ではない。絶対的な受容は、人の心の底に「自分は守られている」という基本的な信頼感をはぐくむ。

いま、極端な行動に走る少年たちがいる。そして少年も大人も、年に三万人以上が自ら命を絶つ。最後の行為に踏み切ろうとする時、その人たちの胸を、親でもほかの家族でも友でも先生でも、自分を絶対的に受容してくれる人の顔が一人でもよぎったら、どうだろうか。

また、私たちは、誰かにそう思ってもらえるような人間になっているだろうか。

むろん、そういうことで救われるケースばかりではないけれども。

❖

母は、はがゆい息子だったろう私に、よく童謡の「かなりや」(西条八十《やそ》作詞)を歌ってくれた。歌を忘れたカナリアは、山に捨てるのでも、ムチでぶつのでもなく、「象牙の船に銀の櫂《かい》」で、月夜の海にそっと浮かべてやれば、忘れた歌を思い出す——。

七六年に母が亡くなる前日、私はその枕辺で、この歌を歌った。ありがとう、お母ちゃん。

通学路

空想にふけり、「中坊はボー」

一人きりで同志社中学に通う途中、知った人に会いたくなかった。それで、京都御所(御苑)を抜けるコースを通学路に選んだ。広い広い御所の中の道は、今も人影がまれだ。

そこを歩く三十分ほどの間、人目を気にせず空想の世界に浸る、という慰めを私は見出した。情けない現実とは逆に、自分がヒーローになるようなシーンをよく思い描いたものだ。例えば「世界共和国」の大統領になって人々の歓呼を受けるみたいな、荒唐無稽な内容だ。

空想癖が高じ、授業中につい楽しくなって口笛まで吹いてしまい、先生に「中坊はいつもボー」と駄ジャレまじりに叱られて、クラスの皆の失笑を買ったりした。空想と現実の境が曖昧《あいまい》になりかけたのだろう。

今の同じ年ごろの子どもたちの中にも、空想や妄想と、現実の世界との存在の重みが逆転してしまうケースがあるようだが、私の場合、慰めを求めても結局、「向こう」に行ったきりにはなれなかった。

親から、「自分は最後のところでは守られてる」という感情をもらっていたことが、惨めな現実の世界でもどこか自分がとどまれる所があるのでは、という望みをつながせたように思う。

❖

とはいえ、空想から覚めれば覚めたで、どうしようもない自分がそこにいる。集団からはずれることとの寂しさ、ひがみ、そして劣等感が、体に染みついていった。

こういう状況は普通、良くないとされる。子どもがそんな中に落ち込んでいれば、親や周囲はそこから救い出すべきだと。だが、あのとき私は孤独に鍛えられていたと思う。孤独は私を内向的にさせた。人間は、本当の自分の姿と向き合って、考えないといけないし、苦しまないといけないのだろう。そのために、孤独は必要だ。

でも、草花と同じで、限度を超えて萎《しお》れれば枯れてしまうし、ひがみや劣等感から、反社会的な行為に走りかねない危うさもある。私自身、「ぼんぼん」の身から一気に落後者に落ちたり、噛みついた相手のあふれる血を飲むようなことをしたり、さらに今後お話ししていくことも含めて、スレスレを歩いたな、という感慨がある。

これが私の通学路でして＝京都御苑で

と同時に、そのくらい痛切な思いをすることなしには、私は変われなかっただろう、弱い私がこれまで生きてくることは、かなわなかっただろうとも思うのだ。

◆

中学生になっても寝小便をたれながら、うつむきがちの日々が過ぎていった。自分みたいな子でも親はとことん守ってくれたが、そこからどう進んだらよいかを示すことはできない。すべきでもないし、できると考えるのも誤りではなかろうか。

それは自分で見つけるしかないんだと、子ども心にも思うものの、そのための何の手がかりも得られないまま、二年がたった。戦局はいよいよ悪化し、一九四四年の春、三年生になった私たちは親元から離され、兵庫県尼崎市の三菱電機・伊丹製作所(当時)に学徒動員された。

臭い飯

「野蛮さ」目覚め、生き残った

動員先に待っていたのは、未明から夜遅くまでの交代制のきつい仕事と、空襲と飢えだった。

栄養失調になると、手足は棒みたいで、腹だけが異様に膨れてくる。寮の部屋はノミ、シラミだらけ。全身がかゆくて掻くと、免疫力が落ちているから、掻いたところが端から化膿した。

生徒たちは月一回ぐらい家に帰してもらった時、なにがしか食べ物を寮に持って来て数日食いつなぐのだが、私は梅干しだけを添えたご飯を重箱に詰めてもらい、寮に戻ってから少しずつ食べた。

日がたつと、まずご飯が酸っぱくなる。重箱を寮の窓際に吊るして風に当て、少しでも長持ちさせようとした。それでも臭ってくるし、一週間くらいたつと、はしで持ち上げると餅みたいに伸びるようになる。いくら腹が減っていたって、ほかの誰も食べられない。私だって食べるたび百パーセント下痢。それがわかっていても食べた。

栄養失調や空襲に痛めつけられて、約二百人いた生徒は次々に動員先を去り、敗戦時にはたった四十人ほどに減っていた。その中に、小柄で体力がなく、小さいころから病気がちで、真っ先に倒れそうだった私が「生き残って」いた。腐った飯でも食べた私が、結局、下痢をしてでも皆より元気やったんやね。

何ごとにつけ人に後れを取ってばかりの子だったのに、過酷な状況が、「鉄」の中に眠っていた思いがけない反発力を引っ張り出したとしか思えない。

普通の人はせんようなことでもやれば、自分みたいなもんでも何とかなる、それをやる野蛮さ、本能というか、それを自分は持っとるみたいや——この思いは、小学校の時、ただ一度ケンカで相手をやっつけた、あの噛みつきの体験にもつながる。

❖

戦局が悪化して周囲に「死」がありふれてくる中で、私は妙なことも始めていた。

空襲警報が鳴ると、工場から避難するかわりに、こっそり材木置き場に向かい、作業中断の時間を利用して、辞書を引き引き英語のグリム童話集を読んだり、古今和歌集を開いたりしていたのだ。

それまで、勉強は「人に言われて仕方なく」やるものだった。そんな勉強を、工場が機銃掃射をくらい、近くに爆弾が落ちる地響きの中で、危険を冒してまで何で始めたのか。

それは「意地」のようなものではなかったか。戦争は少年たちに、将来への何の希望も抱負も許さず、死を迫ろうとしていた。もう勉強はせんでええ、と上から断ち切って、少年や青年を死に向けて動員していた。

その中で、もう役に立つことはないかもしれない勉強をやることは、「あきらめてへんで」という証《あかし》だった。自分を巻き込んでくる巨大な歯車に対し、小さいながら自分の灯をともし続けようとしたのだと思う。弱かった私が、あの時、刃向かっていたんやねえ。

❖

そして敗戦。さあ、勉強に励んだと思うでしょ。ところがそうなると、そうでもないんやね。そこが「ただの鉄」ですねん。金のような美しい物語になりませず、すんまへん。けど、あの小さな英和辞典は、今も私の机の上にある。ついでにあの時、寝小便も止まったわい。

消極　母を嘆かせた「再挑戦せず」

高校入試の会場の窓から、遠景の中に、我が家の近所にある三階建てが見えているのを発見した。問題はほとんど解けず、書くことがなくなってしまった私は、時間を持て余して景色を眺めていた。

敗戦から一年半、また受験に失敗した。今度は地元の京都にあった旧制の第三高等学校だ。だが、「心の備え」がなかった中学入試の時と比べ、この時は、落ちるやろと確信していた。

それで、同志社中学からそのまま同志社大学の予科に上がるつもりでいたら、なんと、中学の担任の先生が家に来て、「中坊君はやればできるから、来年もういっぺん三高に挑戦を」と親に勧めてくれた。

まあ両親の喜ぶこと。息子を「金でなく鉄」と客観的に見ていたのに、そこが親やねえ、「先生が見込んで、わざわざ再受験を勧めに来てくれるほど、お前できるようになってたんか」というわけだ。

◆

先生が私を過大評価したのには訳がある。私は数学が大の苦手だ。数学が必要な物理なんかの理系もあかん。その私が、中学の数学のテストで時々いい点を取ったりしたのだ。でも、実はそれは丸暗記の数学で、内容を理解しているわけではないと、自分ではよくわかっていた。本当に力を試されれば歯が立たない。

「あの点数は見せかけ。一年浪人して伸ばせるようなホンマの力と違う」と親を説得した。母は「情けないことを」と怒ったが、父は「お母ちゃん、自分でここまで言うのやから、この子はホンマにあかんのやろ」と、一緒に母をなだめてくれた。

「消極の決断」は難しい。確かに、易きについた消極さもある。でも、小学校の時は成績の悪さで親が先生から注意を受け、ほとんどの受験生が受かった公立中学にも落ちた私が、丸暗記にせよ、先生に惜しまれるところまでやった上でのことだ。

そうはいっても、私の選択は「少年よ、大志を抱け」の逆だ。こういうとき、子ども本人が突っ込むのをやめようとしても、私の母のように、つい尻を押したり叩いたり、というのが親ではないだろうか。

何事につけ、世間では積極が良しとされ、消極は否定的に見られる。それに逆らうより従った方が、その場ではずっと楽だし、自分も意気揚々として気分がいい。

だが、点数や売り上げのような、表面的な物差しで測られたものの中身を直視せず、無理を重ね、重ねさせて壊れてしまった子どもや大人、破綻した企業は少なくない。その無残な断面が、今日、しばしば私たちをたじろがせる。

❖

私は、朝な夕な、一人きりで御所を抜けて通学していたあの二年間、否応なく自分の現実と向き合い続けた。小さいころから勉強、健康や運動、生活動作などのどの面でも、学校や世間の尺度で良い評価をされることのない自分だった。

そういう外から当てられる物差しで褒《ほ》められようという感覚は、あの二年の間にしぼんでいった。

そうなれば、自分の納得がいくようにやって、自分で自分を大事にしてやるしかない。先生が勧めようが、母が嘆こうが、点数がどうだろうが、そういう事柄で自分のことを決めようとは思わなくなっていた。腐った飯でも食べて生き残ったんや、オレの行ける別の道もきっとあるやろ。自分らしくあるための消極の決断が、私の自立の始まりだった。

「く」の字の指

取り残され、自傷に走った

同志社中学から同志社大学の予科に上がったのは、敗戦から二年目。本来ならしだいに生活も落ち着き、ようやく、真に青春目前の少年らしい日々が始まるはずだった。

ところが、私の家は逆にこのころから傾いていった。戦争このかた、父の弁護士の仕事はまともにない。敗戦で貯金や国債は価値がなくなり、購入してあった土地も農地改革で失った。売り食いも、限界にきたようだ。

そこで、病気がちの兄弟の中ではまだしも丈夫だった私と、父の法律事務所の私より三歳上の事務員さんが、京都府井手町の父の実家で百姓をすることになった。

父はたびたび京都市内の自宅からやって来ては、私たちに厳しく田畑の仕事を仕込んだ。残った農地からの収穫で皆が食べていくために、父も必死だった。

生まれて初めての農作業はこたえた。炎天下の田んぼに這《は》いつくばるようにしての草取り。背中を日に焼かれ、下からも水面の照り返しを受け、腰は痛くて……。雨降りでも、父は「パンツ一丁になれば傘などいらん」と、私たちを田に追い出した。

冬、雪に覆われた畑に肥やしをやっていた時のこと。川に向けて傾斜した場所で足を滑らせ、肥桶《こえおけ》ごと数メートル転落してしまった。頭から糞尿をかぶった私を、父はいたわるどころか、「長靴なんか履いてるからや、裸足でやれ」と叱りつけた。

農家に育った父の言うことは確かで、裸足の足の裏の感覚は鋭く、動作が安定した。だが、その晩はひどい霜焼けで足が真っ赤にはれ上がり、焼かれるように熱くて寝られなかった。

学校にはほとんど行けず、このままでは自分が生徒であることすら忘れてしまうのではないかと、学舎《まなびや》の雰囲気がたまらなく懐かしかった。

雨がかなり強かった日、「これやったら今日は畑を休んで学校に行ける」と、早朝の列車で京都に向かった。まず家に収穫物を届けると、父に「野良に出られんからって、百姓の仕事がないわけじゃなかろう」と怒られた。

確かに、ムシロを編んだり、縄をなったりはできる。「戻れ」と命じられ、田舎へと引き返して行く道や駅を、たくさんの生徒たちが学校へと逆方向に急ぐ。心底、情けなかった。

先の見えん道やった＝京都府井手町で

激しい労働の日々、夜は祖母と花札をやった。勉強をする気力も体力も残っていなかった。「こうやって、オレは置いていかれるんやな」。私は、自棄との綱引きに負けていった。左利きの私が、麦刈りをしていた鎌で右手の小指を深く切ってしまったのは、そんな日のことだ。骨がのぞくほどの傷にもかかわらず、私は医者に行かなかった。「指が無《の》うなるなら無うなれ。オレはもう、どうでもええ」

半ば自傷行為だった。傷は化膿し、ウミがぼたぼた滴るほどになった。そうやって自分という存在が痛めつけられていくことに、暗い悦《よろこ》びがあった。人前にこの指を突き出すと、相手が身を引いたり目を背《そむ》けたりする。それがまた、ゆがんだ快感をもたらした。

❖

あの小指は今、「く」の字に曲がり、傷跡をとどめている。それは日に何度となく目に入り、ほんの一瞬ずつだが、当時の荒廃した気分を思い起こさせる。

人間が堕《お》ちていくとはどういうことか、私はあの時いささか知った気がする。これをお読みの方で、今、そうした中にある方がいやはったら、も少し先まで、私と一緒に行きまへんか。

山のあなた

「幸せはこんなもん」って、何や

私が父の実家で田畑を耕すうちに、戦後もすでに三年目。世の中は復興の歩みを速め、学生たちも戦後大きく開かれた未来に向け、青春を取り戻していった。だが、家が傾いた私は相変わらず家族の「食」を担って、学業を放棄せざるを得ない生活が続き、展望が開けない自分の将来に暗澹《あんたん》としていた。

そんな苦い日々の、秋の夕暮れのことだ。一日の農作業を終えて、私は父と家路についた。その父が、ふと立ち止まった。

私たちの前を、家族連れが帰って行く。その日の収穫と子どもたちをリヤカーに乗せ、お父さんが引き、後ろからお母さんが押し、クワを担いだおじいさんが付き添っている。引き込まれるようにそれを見つめていた父が、突然、「公平、幸せっちゅうのは、こんなもんかもしれんな」とつぶやいた。

粗野一方とばかり思っていた父のその言葉も、遠ざかるリヤカーを立ち尽くして見送っていた姿も、ひどく意外だった。「「幸せはこんなもん」って、どういうことや」

◆

その晩になって、「そうや、あれや」と思いついた。その時の打たれたような驚きと、それに続いた穏やかな安堵は忘れられない。私が幼いころから母がしばしば口ずさんでいた詩が胸に浮かび上がり、私に目を開かせてくれたのだ。

山のあなた

山のあなたの空遠く
「幸《さいわい》」住むと人のいふ。
噫《ああ》、われひとと尋《と》めゆきて、
涙さしぐみ、かへりきぬ。
山のあなたになほ遠く
「幸」住むと人のいふ。

（カール・ブッセ作、上田敏訳『海潮音』所収
尋めゆく＝たずねて行く　さしぐむ＝涙ぐむ）

幸せは彼方《かなた》にあると聞き、求めて行ったが、むなしく泣いて帰った。それでもなお遠くに幸せはある、と人は言う。

そういう嘆きだが、この詩が人の胸に呼び起こすものは、それだけなのか。幼かった私が意味も分からないままに暗記してしまうほど、母がしじゅう口にしていたのは何故なんや。ずっと気にかかっていた詩だった。

その謎と、父のつぶやきの不思議が、両方合わさることで解けた。幸せは彼方にあるのではなく、人が気づこうが気づくまいが、実は日々の暮らしに、何げなく添うておるのやないか。母も自分にそう言い聞かせていたんではないか。

母の胸の内を確かめたことはないが、結婚生活は必ずしも幸せではなかった。戦前の小学校で父たちと校長排斥運動をやり、家の反対を押し切って父と結婚。共に辞職せざるを得ない荒波にもひるまず、志を分かち合った者同士が愛情でも結ばれていたはずだったが。

父は確かにある種の傑物だったが、一方でよう遊び、妻としての母を苦しめた。母は、子

どもといる時、幸せを噛みしめようとしていたのではないか。

❖

幸せは身近なところに、それを感じられる人の胸の中に——これは、本当の幸せをつかまなかった者の諦観なのだろうか。

そうではない、と私は思っている。当時私は、自分が何のためにこの日々を生きているのか、途方に暮れていた。その日その日生きていく力をどこから得たらよいのか。そんな私にとって、これは啓示となった。

何の具体的な道も見えてこないことに変わりはないけれど、あたりの空気がうっすら明るさを帯びてきたようだった。

シューマイ弁当　背負ったものを、切り落とし

何やかやで東京に出て来た私が、京都に帰るため新幹線に乗り込むのは、たいてい夜八時ごろ。お腹《なか》もすいているのだが、駅弁は止まって食べたらただの弁当だから発車まで我慢して、列車が滑り出すと、待ちかねたように好物のシューマイ弁当のフタをとり、ニンマリする。この瞬間、この世でこれくらい幸せはないって気分になっている。七百十円て安いなあ、うまいなあと、ほおが緩む。そりゃあ、「たん熊《くま》」はんとか、「なだ万」はんとか、さすが一流のお店は美味《おい》しおますなあ。けど、どっちが幸せかというたら私はシューマイ弁当や。

そして家に着き、家内と並んで寝て、翌日の予定がハードでないなら、二人で壊れたレコードみたいに同じ昔話をして夜更かしし、そのうちお月さんが見えたりしたら、またしみじみ幸せなんやねえ。

❖

私が住民側弁護団長としてかかわった、香川県・豊島《てしま》の産業廃棄物の撤去問題は、しんどい闘いだった。県は過ちを認めず、県民の理解もなかなか。そこで私たちは、豊島の実情を訴えて香川の五市三十八町すべてを行脚する「百カ所運動」を計画した。

その日に集会を開く町で、まず「〇時に公民館においでください」とか車で流して回るのだが、当方七、八人に対して、集まりが十数人のことも多く、最悪二人だった。

運動に携わる島民たちに、何の日当もないのはもちろん、彼らは、それで産廃撤去の実現性が少しでも高まるならと、県への補償要求も放棄していた。

高齢の島民たちは、当時まだ運動が何ら先の展望を持てず、仮に成功しても、それから撤去までさらに十数年かかることを考えると、島が回復した姿を目にすることは難しかった。現に、公害調停を申請中の七年間だけで、五百四十九人の申請人のうち六十九人が亡くなった。それでも、子孫のためにと、弁護団長の私を信じて動いてくれていた。

絶望も覚悟しつつ、精一杯の抵抗を島の歴史に刻みつけようとする島民の姿に、「自分は本当に、この人たちの願いを遂げてやれるのか」と、顔には出せないが、不安に締めつけられるような思いの連続だった。

集まりがよくなかった、ある町での集会の後もそうだった。皆で帰るワゴン車の一番後ろ

んー，車中の幸せ＝東海道新幹線で

の席に身を沈め、私は底なしの淵《ふち》に引き込まれていくようだった。

そのとき、窓の外に目をやると、空は藍《あい》色を深めつつ、まだ黒々とはしておらず、田畑の広がる向こう、日が落ちた辺りにだけ掃いたように茜《あかね》色が残っていた。見とれているうちに、すうっと、その光景の中に自分が溶け込んでいってしまった。

こうした瞬間、私の体は幸福感に包まれ、自分が背負っているものすべてを、いったんバサーッと切って落とせる。何も状況が変わるわけではないが、再びそこに立ち返ったとき、幸せの余韻を胸に、少し自分を取り戻して向き合うことができる。

❖

安い食いもんがウマい、月が見えた、日が沈んだ……司法研修所で同期だった仲間に「ほかのことでは負けると思わんが、お前はほんまにアホみたいなことで、勝手に幸せになれるなあ」と、あきれられたことがある。置かれた状況にかかわらず、間欠泉が噴き上がるように突然、幸せになってしまうのだから。

私はこれを糧に生きてきた。リヤカーの家族連れを見送った父のつぶやきや、母が「山のあなた」を愛誦《あいしょう》していたことが私に気づかせたように、幸せは、実は日に何度も人を訪れているのではないですかなあ。

発熱

スキを深く入れる喜びも、束の間

エンドウがよう実った、稲穂の波を立てて風が良い香りを運んでくる、畑に注ぐ陽が輝かしい……。何気ない暮らしの中の幸せに気づくようになって、きつい田畑の仕事に追われる私の気持ちも、だいぶ和らいだ。

明るさを帯びてきた心には、耕し、収穫する喜びが、素直にしみ通る。肥料をやり、土を寄せ、草を取り。作物は手間をかければ、かけただけの成果を返してくれる。種イモを植えるのに、植える深さまで掘ってイモを置くか、それよりさらに深く掘ってから少し埋め戻し、その軟らかな土の上にイモを置くか。

最後に土をかぶせた畑の表面に違いはない。しかし収穫を迎えたとき、その差は確実に現れる。「スキを深く入れろ」は、今も私の口癖になっている。

◆

父が私を厳しく農作業に取り組ませたのは、敗戦後に家が傾いた中で食べていかねば、という事情だけではなかった。息子が旧制高校という順当な進学コースに乗れなかったことで、「頭で世の中を渡って行くのが無理なら、体が元手の仕事ができるように鍛えなあかん」と考えたのだと思う。

田畑から上がると、もう何をする体力、気力も残らないような日々に耐えるうちに、当時十八歳の私は、六〇キロの米俵を片手でつかんで、足元から肩まで一息に担ぎ上げられるような体になった。牛に仕事をさせるさばきも巧みになった。そういう私に、近所の農家から「次男の公平さんをウチの養子に」という話が舞い込んだほどだ。

若さとは、不思議なものだ。否も応もなく放り込まれた農家の暮らしに、一時は自棄にまで陥っていたのに、「この田畑と体があれば、自分は生きていける」という実感を手にして、何となく自分の将来に安心感を持てるようになった。ずっと学校へ行っていないことへの焦りも、少しずつ遠のいていった。

しかし母だけは、「この子の体は、本来それほど丈夫やないはず」と懸念していた。

それが、十九歳になる夏に的中した。私の体は変調をきたし、三八、九度の熱が出たまま下がらない。結核も疑ったし、いろんな検査をしたが原因がわからない。しんどくて、田畑

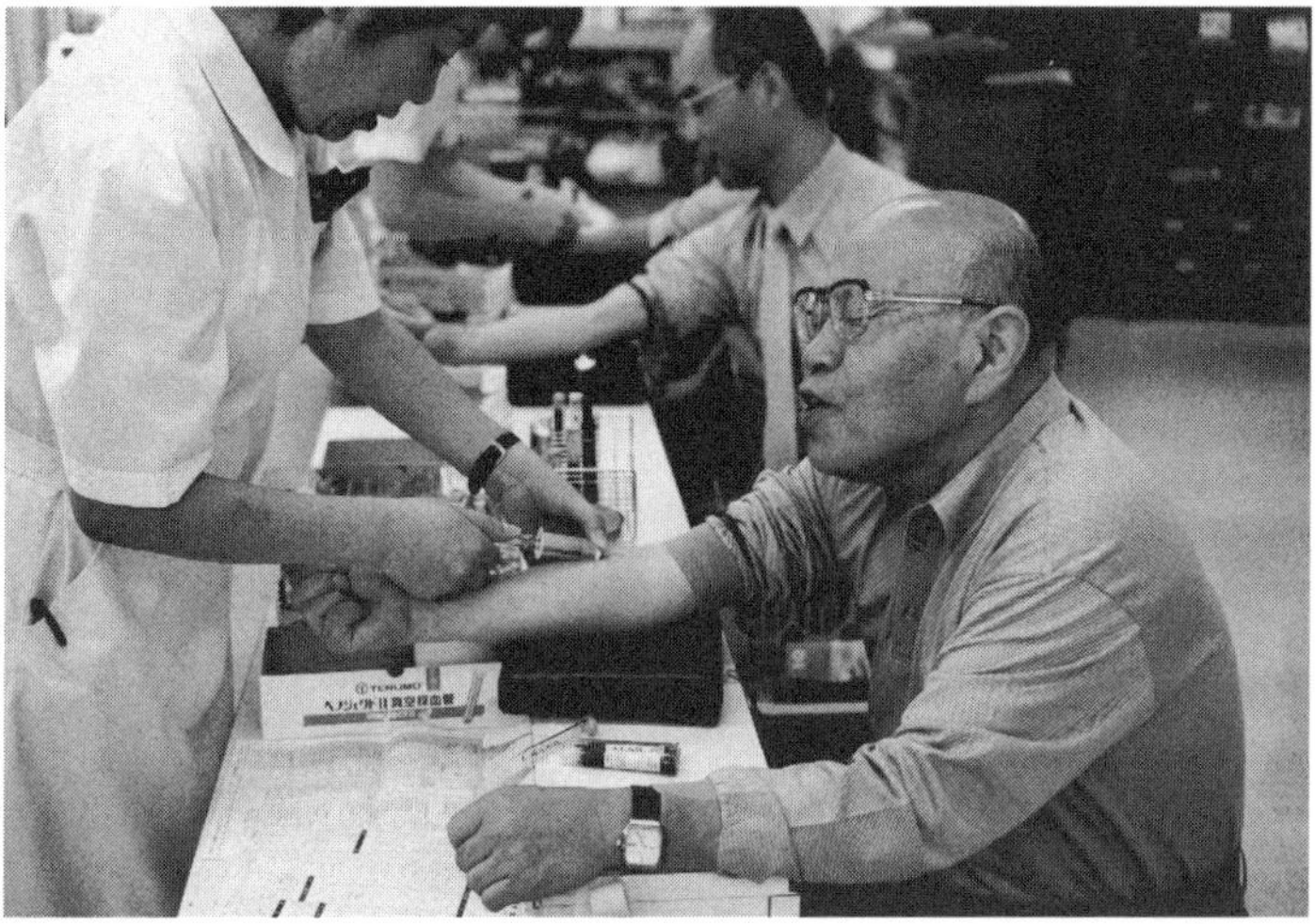

おっとととと…… ＝京都市内の病院で

の仕事もままならない。「頭では世を渡れん」者が、体を使うこともできなくなって、私は、また不安の深い霧の中に閉ざされてしまった。

ある高名な医師のところで、ようやく、過労から心臓などに悪影響が出ていることがわかったときは、もう寒い季節になっていた。ぼんぼん育ちの私が、やったこともなかった農業で家族の食を担い続けることには、無理があったのだ。「今の生活を続けていては、命にかかわる」と、その医師に宣告された。

❖

明けて一九四九年の、たしか一月だったと思う。私は映画を見ていた。戦後、人々はむさぼるように娯楽を求め、映画館もよく客が入っていた。だが、その中にまじる私は、田畑の仕事も制限され、それで久しぶりに学校に行ってみたものの、もはや授業についていけず、置きどころのない身と心を抱えていた。今年はもう二十歳《はたち》だ。なぜ、自分の人生は人並みに回り出そうとしないのか。ちょっとでも気が晴れるかと出かけた映画も、スクリーンに向ける目は、たぶん虚《うつ》ろだったと思う。

その目に、思いがけないものが飛び込んできた。私の運命が、また変わり始める瞬間だった。

第二章

挑発　思いがけぬ機会、逃げるのか

正月に映画を見ていたそのスクリーンの横に、「中坊公平さん、お宅に電話してください」という文字が、ほのかな明かりに浮かび上がったではないか。そこに、寄席で落語家の脇に名前を掲げてある「めくり」みたいな連絡用の掲示があったのだ。

電話すると、父が「すぐ帰れ」と興奮している。何か変事か、と思ったが話は全然違った。

❖

当時私は、旧制の同志社大学の予科に一年いた後、学制改革により、新制・同志社大の一年生になっていた。旧制は中学五年―高校(大学予科)三年―大学三年なので、予科の二年生は新制大学の一年生にあたる、とされたのだ。

父が言うには、私と同じ新制・同志社大の一年生が、京都大学を旧制で受験するために、同志社外事専門学校(外国語などの学校)に編入学したそうだ。

ややこしい話だが、あのころは旧制と新制が交代期で並立し、京大にも双方があった。そして、新制・同志社大の学生が京大に入り直そうとすれば新制での受験だが、いったん旧制の外事専門学校に編入しておけば、旧制の京大を受験できるのだ。

旧制の文系なら、数学と理科を避けて文系三教科で入試に臨める。私のように理数系が苦手で旧制高校に入れなかった者にとっては、願ってもないチャンスで、ようもこんな奥の手があったものだ。

父が耳にしたその学生は、裁判官の子で、司法試験を目指したかったのだ。当時、同志社大からの合格例はほとんどなかった。

弁護士だった父は、この話を耳にして直ちに反応したのだ。

◈

実は、「幸せって……」と父が口にした時、その後でもう一言、私にとって忘れられないことを言っていた。

リヤカーを引いて家路をたどったあの家族は、その一日を、夫婦とおじいさんは耕し、収穫し、子らは、そのそばで遊んだり手伝ったりして過ごしたのだろう。家の生業《なりわい》が三代に受け継がれる中で、共に汗し、会話する情景が父の胸をよぎったのかもしれない。「親にとって一番の幸せは、子が同じ仕事に就いてくれることやなあ」とつぶやいた。

父は粗野だが、強い人だった。不器用だが正義漢だった。そして、幼いとき以来ずっと世間からハズレかかっていた私を識《し》るのは、父だった。私は、いつかひとかどの男になって、父と肩を並べて仕事を語らうようになれたら、と思ったものだ。しかし、旧制三高に落ち、同志社の予科もほとんど登校できなかった日々、司法試験など思いも寄らなかった。

その後、我が家の家計は、私が農業に専念しなくてもすむところまで回復してきた。そこに、苦手の数学なしで京大を受験できる道が見つかった。けれども私は、「運が向いてきた」とは受けとめられなかった。農業という営みの深い充足を知ったし、生きる基本の食べ物を我が手で生産することが、生活の展望に安心をもたらしてくれることも、実感していた。

しかし、体を壊してしまった。「やるか」という父の問いを、むげに振り払える状況ではない。さりながら、旧制大学の入試は翌年が最後。あえてそれに賭けるのか。旧制高校のエリートの卵たちが三年でやるところを、こちらは一年だ。

「お前が、高校の再受験を断念する理由に挙げた数学はなくなった。それでも逃げるか」

――父の顔にそう書いてある。寸秒を争って決めるべきことではないのに映画館まで呼び出しをかけたのは、父の挑発だった。

軍師と坊さん

アホなことしてて、間に合うか

入試まで一年では、成算はない。しかし、農業をやれば体を壊し、頭の半分(理数系)は元から壊れているのでは、頭の残り半分に賭けてみるしかない。

大学から系列の専門学校へ編入という、京大受験のための奇策を使わせてもらう同志社に対し、大学の退学届と、「失敗しても再び同志社は受験しません」という誓約書を入れてけじめとし、外事専門学校への編入試験を受けさせてもらった。こうして一九四九年春、同校に編入された。

❖

私にとって京大の受験科目となるのは英語、仏語、西洋史だが、一番困ったのは、二年近くロクに学校に行っていない間に履修が始まっていた、第二外国語の仏語だ。

秋になってもまだ、金ヅチの水泳よろしく「仏語文法の基礎を、オレでもわかるように書いた本は……」と本屋で探していた。そこに、やはり京大を受ける校友の吉川が来て、「半年前になって、文法だ基礎だなんてアホなことしてて間に合うか」とバッサリ。「第二外国語の入試は和訳だけ。要は読めりゃええのや。けど、その勉強も今から辞書を引き引きでは追っつかんな」とペシャンだ。

「古本屋で『風車小屋だより』とか『女の一生』の原書を買え。次に岩波文庫とかの訳本を買う。それを並べて読むんや」。さすが仏文学志望、スルドい。こういうご指導は、僕はシュシューッと頭に入るんやね。

やってみると、確かに小説だから面白くどんどん読める。私の頭の大ざっぱさは数学には不向きだが、逆に細部にとらわれず、大筋をつかんでの高速前進は大いに得意、と発見した。四、五冊読むと、吉川が「実は、入試に小説は出ない。論文や」と言う。今度はモンテスキュー『法の精神』だ。これも対訳式で。惜しくも以下略だが、彼は私を、最小の努力で入試仏語の攻略へと導いていった。

いざ、入試本番。

仏語は望外の大戦果を収めた。だが、それだけで合格に届くほど私の学力は甘くない。私の英語の答案を聞いた兄は、「動詞もない英作文」と酷《むご》くも指摘した。しかし残る歴史で、

若いころは，あんまり本を読む方ではなかったんやけど＝自宅で

偶然の女神(おったかな?)がほほ笑んだ。

歴史の試験前日のこと。中学、高校と受験に失敗した私は内心、不安なのだが、どうしようもなく、台所で油を売っていた。母が「最後なんやから、もうちょっと勉強したら」と言う。「お母ちゃん、歴史というもんは長いんやで。今さら」「そうかて」「そんなら、うどんの出前ご馳走してくれるか」。母は苦笑しつつ、食いしん坊の私にうどんを三杯も取ってくれた。炬燵《こたつ》から首だけ出して平らげたら眠くなったが、母の手前もあるので、前日でもあり、長い歴史をサッサと駆け足、と思って薄い概説本を開いた。ところがその中に、お初にお目にかかる方の名があるではないか。

キリスト教の坊さんで、政治力もあった。「エラい坊さんがおったんや」と、その辺を含め小一時間だけ読んで寝た。そしたら翌日、その坊さんとコンニチハや。三題中の一題が、坊さんについて論じるものだった。

❖

春、ともに京大の門をくぐった吉川は私に命じた。「仏語の単位は一年生のうちに取れ」。極薄のメッキははげるのも早く、以後、私が仏語で大学に合格したと信じる人はいない。軍師は偉大やった。大恩ある坊さんの名は、すぐに忘れた。

荒寥

「はぐれ」に、賀状一枚も来ず

京大に入れるなんて自分にしては上出来と、大学のバッジを自慢げに襟につけたりしていたのだが、早々に、自分が場違いな異分子であることを思い知った。

真っ当な勉強を積んできていないだけではない。旧制高校の出身者たちは、彼ら特有の「教養」という文化をまとっており、文学や哲学の知識がない私には、会話が通じにくいのだった。

ゲーテだカントだ、モーツァルトだと言っている人たちに、豆のまき方やイモの掘り方に詳しくても、何を語りかけることができただろう。中学入試に落ちて以来、暗く寒いトンネルのようだった劣等感にやっと出口が、という望みは、はかなかった。

思い返してみていただきたい。人が人生の中で、長くつき合える、損得抜きの友を得るのは、多くの場合、高校から大学の年頃ではないだろうか。だが私には、胸襟《きょうきん》を開くことのできる、ともに若さ特有のバカができる一人の友人もいなかった。

同志社の予科や大学では、野良仕事のためほんの少ししか学校に行けなかったし、大学も途中で替わり、京大生になっても農業は続けていて、農閑期と試験前だけ登校する生活だった。内向きの性格に加えて、こうしたことが更に私を孤独にした。

正月、母は「あんたには、年賀状が一枚も来ないなあ」とため息をついた。

❖

大学には入った。しかし私は「学生」になれたのだろうか。当時を思い出すと、「荒寥《こうりよう》」の二文字が浮かんでくる。世間に対しては、劣等生だった自分がそれでも京大に入ったという自負もあるものの、大学では「はぐれ」の状態。胸の屈折は時にむき出しになった。一年生の秋の事件も、そのせいだった。

田畑のある京都府井手町の父の実家から、京都市内の自宅に向かおうと乗っていた国鉄の列車で、ヤミ米の摘発にぶつかった。一九五〇年当時は、戦後の食糧難がまだ続いていた。

その日は折あしく、当面家で食べる農作物をリュックに詰めて持ち帰ろうとしていた。懸命に刑事たちに「この手で収穫した米を自宅に運ぶところです」と訴えたが、耳を貸してもらえない。

米を持っていた者は木幡《こはた》(宇治市)の駅で降ろされ、一列に並ばされて、大きな盥《たらい》のような入れ物に次々に米をあけさせられた。とうとう私の番が来た時、刑事が「一緒に持っとる麦は勘弁したるわ」と言った。食糧管理法では麦も統制の対象だったのだ。

その時、追い込まれた野良犬が、とうとうキバをのぞかせて唸りを上げるような黒い感情が、胸の底から突き上げた。「何や、米を認めんなら麦も取ったらええやないか」。言うが早いか、麦を盥にぶちまけた。米の中に麦がまじってしまったら、もう分けようがない。

「お前、なかなか度胸のあるええ若もんやな。言い分を聞いたろ」。そう言う刑事に連れられて、宇治署に向かった。どうやら啖呵《たんか》が効いたらしい。私は意気揚々と、刑事と雑談など交わしながらついて行った。

❖

宇治署の扉を入った途端、「テメエ、なめた真似してくれたな」。怒号した刑事はまるで別人だった。署の裏庭に私を引き出し、塀の前に立たせた。そこで、チョークで「中坊公平」と書いた小さな黒板を胸の前に持たされ、写真を撮られた。そして取調室へ。机を挟んで冷たい目を向けてくる刑事のほかに、二人の刑事が私を見下ろしていた。

検挙されたのだ。すでに容疑は食管法違反ではなく、公務執行妨害に切り替えられていた。

逃げ　「地元で銀行員に……」、父激怒

宇治署の取調室で、私はかたくなに頑張っていた。

運んでいた米や麦がヤミでないことは、事情を知る井手の役場に電話一本してくればわかる。そう頼んでも、刑事たちは「証明書を持っとらんじゃないか」の一点張りだ。だが私にすれば、役場で証明をもらおうにも、大学の講義に間に合うように朝の列車に乗るには、窓口が開くのを待っていられなかった。

感情的な押し問答でラチが明かないまま、日暮れが近づき、私は、もらい下げに来た父に引き渡された。

❖

結局、何ら処分は受けなかったが、米を没収される時に麦もぶちまけたのは、摘発の強引さへの抗議としても、ほめられたやり方ではなかった。結果として、米が戻らなかったのは

私，警察とはいろんなご縁があったんですなあ

もちろん、逆に刑事たちをいきり立たせて私は検挙され、解放してもらうために父は頭を下げて回り、検事ら仕事関係にも借りをつくっただろう。

父は私を迎えて、よく耐えたとほめもせず、つまらんことをと叱りもせず、「早く家に帰ろ」とだけ言った。ありがたかった。

幼いころ、ケンカ相手に噛みついて血を飲んでも口を離さずに勝った、あの気質は地下水脈のように私の中を流れていた。だが、この大学一年の秋、それは社会の掟《おきて》に跳ね返された。

今も続くこの気質は、頭で考えていたら跳べないような目標に私を突き動かす力であり、また、危うさでもある。跳ね返されたあの時、自分のそうした姿を、鏡に映したように距離をとって見ることができた。私はやがて、あの日のように、突っ込むと決定的な危険を招くような場面で、それを嗅ぎ分けるカンが働くようになった。検挙は、そうした嗅覚を研ぐ最初の体験となった。

❖

ヤミ米の濡れ衣にはこんな向こう意気を見せた半面、自分の人生の針路にかかわる肝心なところでは、私は相変わらずひ弱だった。

旧制大学の最終学年である三年生になり、夏に一応、司法試験を受けた。もちろん一回で受かるとはハナから思っていなかったが、それにしても、答案用紙に書けることがロクにない厳しい現実に直面すると、たちまち弱気の虫に取りつかれた。

この私が、いずれは司法試験を突破できるのか。幸運な巡り合わせで京大に入れたのに、司法試験浪人をするとせっかくの履歴が傷つき、もう、いいところには就職できない——そんな不安に駆られて、人並みに銀行の試験を受ける気になった。

それも、翌春は新制と旧制の大学の卒業生が一度に社会に出るから就職は狭き門と考え、大手銀行でなく地元銀行ならという、二重の意味で逃げた選択だった。あれほど、いつか弁護士にと思い、いろんなことをして京大に移ったはずなのに。

これを聞いた父は、今度は激怒した。「お前のような勝手気ままなヤツに、銀行員や会社員が務まると思ってるのか」と叱る父の脳裏には、麦をぶちまけて、かたくなに刑事に対していた私の姿もあっただろう。

自分の脆さに鉄槌《てっつい》を下されてようやく目が覚め、私は元の道に引き返した。そもそも、計算に四苦八苦し、物事をきちんとすることも苦手な私が銀行員とは、何を血迷っていたのか。

やはり私は金ではない。

秀才下宿人

心の凍え、解いてくれた友

在学中の司法試験は、参加することに意味が、といったところ。一次の最後の科目まで受けただけで、父が寿司をたらふく奢《おご》ってくれた。だが、最終合格者に、同志社中学からずっと一緒の山田の名があって、大変なショックを受けた。京大を旧制で受験するために同志社の大学から外事専門学校へ、という私がまねた奇策を実践したのが、実は彼だった。

中二のときは席を並べ、冬の授業中に「霜焼けが痛い」と泣き出した彼に、「そんなことで」と、本来弱い私が活を入れたくらい、情けないところがあった。だが戦後、裁判官だった父親と、兄を結核などで相次いで亡くし、それが彼を鍛えたのだろう。私は、自分には司法試験はまだはるかな目標と思っていたが、彼が奇策に続いて一発突破までやってのけたことで、「オレもやらねば」と気構えを改めた。

まず、自分もせめて精神的に親の懐から出るべく、下宿することにした。私という人間には親の庇護が必須だっただけに、それが限界ともなっていた。

近所に見つけた下宿先は、二階の二間を貸しており、その先客が「京大生の亀苔《かめのり》さん」と聞いて、たいそう煙たかった。私と同じ小学校の一年下で、幼少から成績抜群で聞こえていた。旧制中学は五年制だが、彼は四年で三高に合格、後に京大法学部を卒業する際は首席で、全卒業生総代を務めた。八人兄弟だった彼は、家が窮屈になって移ってきていた。

❖

私とは正反対の秀才だが、真っすぐな気性で、当方を見下げる風は微塵《みじん》もなかった。私が市内の銭湯巡りを始めれば共に足をのばし、食い意地の張った私に付き合って二つ玉のラーメンを食べに通い、ヘボ碁もしかり。私の挑発を受けて立ち、鴨川にかかる丸太町橋の、川面から高さ十メートル、長さは百メートルあろうかという欄干を歩いて渡った時は、こちらが肝を冷やした。どれもたわいのない遊びだ。けれども、自分や家の事情で、年相応の遊びをしてこられなかった私には、どれもが初めての興奮だった。

「公平さんはな、それでええんや」と、丸ごと受けとめてくれる彼と起居を共にするうち、孤独な私の中で凍えていたものが、ほぐれていった。親以外の他者に初めて温かく受け入れられて、成長が遅く、憶病に、かたくなに巣の外を警戒していた幼鳥も、ようやく近くの枝

1955年ごろ，ノブちゃん(亀苔氏，右)の独身寮の前で

に誘《いざな》われるかのようだった。

また、彼のような人にも青春の悩みはあるらしく、「公平さんは、船が航海の疲れをいやす港のようなところがあるなあ」と言ってくれた。

卒業から約十年後、私は彼の結婚式でスピーチをした。小学校から大学までの仲間で、私を結婚式に呼んでくれたのは彼だけだ。招かれるのもスピーチも初めてで、下宿時代の思い出を一生懸命しゃべるのだが、うまく話せず、座は気まずく白けてしまった。

その時、ひな壇の新郎がすっくと立った。そして、「彼は弁護士ですけど、お聞きのように弁は立ちません。けど、僕にとってはとても大切な人なんや」と熱弁を振るい始めたのだ。新郎がお客のためにスピーチするなんてなあ。

❖

彼はその後、実業界で責任ある立場に就いたが、私は下宿時代のまま、ノブちゃん(彼の下の名から)と呼んできた。今は自適の彼に、結婚式でのこと覚えてるか、とたずねても、困ったように首をかしげる。あの下宿時代に僕は救われたんやで、と言っても「へーえ」という調子だ。助けられた者には忘れ難く、助けた方はさっぱりと忘れている。私たちの幸福な関係を象徴しているかのようだ。

朝の風呂　　夜汽車の車窓に、灯がにじみ

司法試験に一発で合格した山田とは、中学からずっと一緒だったのに、どこで大差がついたのだろう。本人に助言を求めると、「一人で当てずっぽうに取り組んでおってもあかん」と言う。

ページ数、冊数とも膨大な司法試験用の教科書群から、要点を読み抜いていく作業にしても、一人で誤りなく続けるのは難しい。ほかの人たちの見方に気づかされ、互いに補い合うことで読み方が深まる。直ちにこれほど賢く悟ったわけではないが、山田の助言に真実を嗅いだ。そして、京大の図書館で、私のように独りぼっちで司法試験の勉強をしている学生に目をつけ、声をかけた。そうやって五人が集まり、勉強会をつくった。

この仲間は、結果的に全員が合格を果たしている。孤立していては、自分の位置や方向、スピードは見えにくいものだ。

劣等感と孤独の中で過ごしてきた私は、大学生活も残り半年になってようやく、自立の一歩を、と下宿した。そして今度は、自分の道を拓《ひら》かねばと自ら仲間を集めに動いた。下宿でノブちゃんという友に巡り合ったことが、背中を押してくれた。

だがそれでも、翌年の試験で私の力は及ばなかった。

不合格の電報に、二階の物干し台に出て夜空を仰いだ。一夜明け、賀茂川の源流に向かう坂道を、自転車で、山深い水源までしゃにむに遡《さかのぼ》った。

❖

翌一九五四年、二十五の歳《とし》に、初めて筆記試験を突破した。勉強会の成果に加え、ヤマも当たった。前回の試験で、刑事裁判の判決の確定時期が問われた。「訂正の申し立て」などがあって結構ややこしい。私は「民事に置き換えても、いろんな要点を問う良問になるな。問題作成者の中にもそう思いつく人がおるかも」とひらめいた。周囲は「すぐ次の年に出るか」と言っていたが、結果は大当たりだった。

そのせっかくのチャンスなのに、上京しての口述試験で、シドロモドロになってしまった。試験官らに笑われて、観念した。

家に「合否問題外」と電報を打って、帰りの夜行列車へ。泊めてもらっていた知人は、

「初めての東京なんだし、合否の発表は法務省であるんだから、それを待ちながら少しお江戸見物して行けば」と引き留めてくれたのだったが。

これからまた一年、「次こそ」という自信も無く、落ちれば更にまた一年……。秋の夜汽車の車窓を流れる灯が、窓の露のせいばかりでなく、しきりと滲《にじ》んでしもうてね。

朝五時ごろ、真っ暗な中を家に近づくと、明かりが漏れ、門も開いている。不審に思いつつ入ると、父が玄関に出て来て、「風呂沸かしといたった」と。

当時、母は病気で伏せっており、女中さんも就寝中。家の風呂は石炭焚《だ》きで、焚き付けから石炭に火を移すのは簡単ではない。やりつけない父は苦労したろうが、何とか風呂を沸かし、家を明るくし、門を開け放って待っていてくれたのだ。

親からの自立、親を超えるとか超えたとか、子は言う。……なかなか。親が子を思う気持ちは、子の思いの先の先まで、掌《たなごころ》のように延びて行っているようだ。

❖

風呂の中で、私を迎えた時の父の言葉を思い浮かべた。「お前のことや、ダメと決まれば後も見ず、一番早い汽車で戻ると思うたわ」。わかっとるやないか親父さん。

「も一度気張らなしゃあないいな」。温《ぬく》もりながら、そう思った。

果報

「すべてが揃った」と思えた時

風呂から上がると、父が「お前が世話になった人やら、結果をいずれ伝えなあかんとこには、夕べ全部連絡しといた」と言う。

合否発表はこの日午後の予定で、いくら私が東京から「合否問題外」と電報を打ったといっても、手回しが良過ぎる。だが父にすれば、傷心を抱えて戻って来る息子が、家に帰り着いてまで気まずい思いをしなくてすむように、と考えたのだろう。

「それで、口述試験はどうやったんや」と父にたずねられて、父も弁護士だから、そこであ言っておればとか、こう解釈せなとか、私の失敗を分析し、指摘するのかと思ったら、「そうか、そうか」と話を聞き、シドロモドロになって試験官らに笑われたくだりを説明すると、「そりゃ、たしかにアカンな」と楽しそうに笑った。

かたくなに自分の内にこもってきた子が、下宿をし、仲間をつくって勉強し、遅い巣立ちをしようと羽をばたつかせている。今回は飛び立つところまでいかなかったが、ここまで育てば大丈夫やろ——。穏やかな父の表情から、今は私を信頼してくれていることが伝わってきた。

◈

それでも、父は、我が家の伝統儀式「果報は寝て待て」で合否電報を待てという。あきらめ切れないのだ。仕方なく、日も高いのに布団を敷いて潜った。私、歳《とし》二十五なんやけど。当時の電報は、配達の前にまず電報電話局から電話があり、電文が読み上げられる。夕方が近づくと、父は電話の横のソファを動かなかった。

しかし、いよいよ電話が鳴ると、「公平、出え」と目の前の受話器を取ろうとしない。しぶしぶ布団から出てきた私にしても、去年「ザンネン」の一語にグサッとやられた、あの衝撃はもう御免だ。電話口で「最初の一字だけ読んでください」と頼んだ。

係の人は妙な申し出の意味を解しかねていたが、ようやく読み上げてくれたのは「ハ」。去年と同じ「ザ」ではなく、不合格の「フ」でもなく、といって合格の「ゴ」でもない。受話器を手に「ハあて、何やろお父ちゃん」。父も「ハナなら、散る、か?」などと、二人であれこれ首をかしげた。係の人は「次、読むんですか、読まないんですか」と怒りだし、

「もう読みますよ！　ハエアル　ゴウカクヲ　シュクス」。

人生には、当人たちは至極まじめに演じている喜劇が、時折あるようだ。

❖

致命傷と思った口述試験のしくじりは、ともかく黙り込まずにしゃべり続けたのが功を奏したらしい。父は私の手をつかんで、階段を引っ張り上げた。二階には母が、くも膜下出血で一時床に就いていた。父はその耳元で「ワシら鳶《とび》が、鷹《たか》を生んだでえ」と大声で話しかけ、母もうっすらほほ笑んだ。

当人の私の方がむしろ「鳶は鳶や。いきなり鷹て、何言うてんねん」と思うだけ冷静なくらいで、父は狂喜乱舞だ。息子の幼い時からの危なっかしい足取りの数々が、脳裏を巡ったのか。知人らに合否訂正の電話を次々、十件余り入れる父の声に、親子してのそそっかしさを恥じる風は、さっぱり無かった。

それから、ノブちゃんも誘って三人で高級レストランに繰り出した。京大に通う日々、ただ眺めるだけだった憧れの店。厚い木のテーブル、壁の絵の春風のような乙女たち、ロウソクの炎、温かいタンシチュー。

すべてが揃《そろ》った時――私の人生にも、そう思えた時があった。

告白　用心棒氏に「人の作法」学んだ

夜中一時に近い大阪の下町。場末のちんまりした飲み屋の前に立つと、西畑は下駄を脱いで両手に持った。そして引き戸を開けて飛び込むなり、モノも言わずその暴力団員に殴りかかった。乱打乱打乱打——。彼の手が止まったとき、酒器や皿が割れて飛び散る中に男が倒れ伏し、血の泡を噴いていた。

この少し前、ニッさん(西畑)の下宿に、いつもツケで飲ませてくれたこの店の女の子が、「例のヤクザがまた暴れて」と助けを求めに来て、任侠《にんきよう》映画さながらに場面は展開した。

私はその晩たまたまニッさんの下宿に泊まっていたのだが、とうてい出る幕ではない。一瞬も相手に主導権を渡さず、一息に持っていく彼の迫力に、「なるほどケンカっちゅうのは、力が強いから、体が大きいから勝つというモンやないなあ」と、見とれていた。後にいろんな意味でケンカをするとき、この場面がよく頭に浮かんだものだ。

ただ、この用心棒氏は司法修習生(それも大学在学中合格の秀才)の身。ヤバいではないか。

❖

一九五五年、私は二十五歳で司法修習生になった。それは、同年代のキャリア官僚よりずっと高給をもらう身分だった。二年間のうち、東京での八カ月以外は京都の自宅から大阪での修習に通ったから、その月給が全部小遣い。ごっついスネかじりや。

法律家の卵として社会もそれなりに認めてくれるし、公務旅行も今で言うグリーン車だ。劣等感と孤独の硬い殻にこもってきたこれまでからは考えられないような、心身ともにゆったりと過ごせる日々。私はしだいに「大人の遊び」の味を覚え始めた。いい歳だが、その方面の免疫は全くなかった。

数人の悪友連と大阪中の盛り場という盛り場に出没し、京都の家にはロクに帰らず、ニッさんら遊び仲間の下宿に転がり込んでいた。飲み屋での活劇は、そんな無頼の日々の一幕だ。

ニッさんとは大阪の修習で、五十音順で席が並んだのがきっかけだった。私は、親しくなる暇《いとま》も置かず、すぐズウズウしく宿題の答案の借用を頼み、それを自分なりに変えてチャッチャッと仕上げた。ところが期限の日、自分の答案は持って来て彼のを忘れるという、不届き極まりないヘマをやらかした。

そのときニッさんは教官に、「忘れました」と頭を下げ、そもそもやってないことの言い逃れと疑われて、辛辣《しんらつ》に叱られた。ここで私は、「それは自分が……」と皆の前で立つべきだった。それが当然だが、できなかった。教官の怒りの激しさに一層身をすくませていた。

❖

辛うじて、後で教官に告白しに行った。みすぼらしい良心と言わねばならない。ニッさんにかばわれて、そのことがはっきりと見えた。「自分には良心や正義感はさほど無い」と警戒しつつ、それからの私は歩いてきた。

ニッさんは、「教官がオレにな、『お前には悪いこと言うた』と詫びてくれよったで」と、私の告白を、私のために喜んでくれた。あんたはケンカだけでなく、人としての作法を知っておったな。

それに、世間的に言えば「しがない飲み屋の女の子」たちのために、法律家の道を棒に振りかねんようなケンカして。

私も結果的に司法修習生になってはいたが、中身は弱い人間だった。それだけに、弱い立場の女の子たちへの一宿一飯の恩義のために突っ込んでいくニッさんを見てて、切なくて、うれしゅうてな。もっともっとコイツと遊ばなあかん、そう思うた。

こっち，これからエエとこやねん＝京都市内のうどん屋で

夜の指南役

「帰って行けるところ」求めて

私の遊びは、激しさを増していった。

司法修習生の安からぬ月給を、少しも家に入れずに全部つぎ込んでも足りず、父の金もごまかした。「判例集のシリーズをまとめ買いするから」とかウソもついた。「季節ごとの背広をいっぺんに作るんで」と父に白紙小切手を切らせ、自分で代金をはるかに上回る額を記入して仕立屋に渡し、差額をハネたりもした。

❖

こんな遊び人に化ける陰には、やはり指南役がいた。実務の修習のために配属された大阪の弁護士事務所で、所長の津田弁護士の息子、禎《てい》さんと出会った。

禎さんは、幼いとき親と離れて暮らすなど、複雑な生い立ちをした。名門中学を落第続きで放校。大学に入っても、私より九つ年上のため学徒出陣で南方へ送られた。そして、搭乗機の墜落、爆撃されて建物の下敷き、乗っていた駆逐艦の沈没と、体をメチャメチャにされて復員した。その後、父親と同じ仕事に就くのを嫌って会社を興したものの、倒産。やむなく父のところで事務員をしつつ、司法試験の勉強を始めていた。

度々どん底をなめてきた禎さんの遊び方には、限度というものがなかった。夜な夜な大阪の歓楽街を中心から場末に流れては、明け方まで飲み明かした。高度成長はまだ遠く、恵まれない境遇の人が多かった酒場の女性たちにも好かれ、頼られた。

そういう生き方に周囲の視線が厳しかろうが、恬《てん》として動じなかった。そして時々、妙なことを言うのだ。曰《いわ》く「公平さん、つかむな、放せよ」。執着すると多くの場合失い、そこから自由でいると、不思議に結果としてついてくる。

また曰く「人と人との間の垣根は、「ある」と思うところに実際、出来てくるのやで」。私は子どものころからの激しい人見知りが直っていなかった。その背を、禎さんは撫でてくれていたんやな。

これらの言葉の価値を、そのとき私がすぐに理解できたわけでも、その日から自分を変えられたわけでもない。しかし、修羅場をくぐってきた彼の言には何ともいえない強さがあり、後々、私がそれを自分の身に生かせるようになるまで、この胸に生きていた。

という次第で、ニッさんと同じように禎さんとも、とことん遊ばずにはおれなかった。我々三人は互いに、世間からはずれがちに歩いてきた同じ仲間の臭いを嗅ぎつけていた。で、ついては子どもの遊びではないのだから軍資金がいる。しかし、ニッさんは下宿暮らしで懐に余裕がない。禎さんは浪人の身で論外、それで、何とかなりそうな私が何とかしていたわけだ。

◈

それにしても、二十三の歳まで、人となじめず孤独に落ち込んで過ごしてきた私が、その後数年のうちに相次いで生涯の友を見つけるとは。

共に下宿したノブちゃんは、凍え、いじけていた私の心を解いてくれた。ニッさんと禎さんは、私がどんなになろうと、「オレ、追われておるのや」と駆け込めば、是非も問わずに「よっしゃっ」と迎えてくれる友だ。

もしかして、独りこもってきた長く暗い道のりこそ、私の目を光に感じやすくしたのか。親友は、私にとって「いつでも帰って行けるところ」。帰れるところがあれば、人はくじけてもまた、歩き出せる。

道楽息子

ネオンとともに、目が輝き出す

二年間の司法修習を終えた私は、実務修習のときに配属された禎さんの親父さんの事務所に、そのまま置いてもらうことにした。居候《いそうろう》弁護士、イソ弁である。一九五七年、二十七歳の春のことだ。ニッさんも同じ大阪でイソ弁になったので、三人の遊びは、ますますお盛んと相成った。

イソ弁の月給は一万五千円。キャリア公務員の初任給が九千二百円の時代だ。加えて、父の関係で紹介された商社などから、合わせると月給の倍、約三万円の顧問料が月々入る。さらに、顧問先の訴訟が片づいたりして、十万円ほどの臨時収入が時々あった。

それが、信じがたいことに、月末にたった千円を残すのもやっとだった。通勤していた京都—大阪間の京阪電車の定期代がひと月千円で、これがないと仕事に出ることすらできなくなる。私は千円札を一枚たたんで定期入れに忍ばせ、財布が空になるのに備えた。だが月末に金欠になると、しじゅう定期入れをのぞいた。禁断症状のように、遊びに行きたくて行きたくてしょうがないのだ。

修習生のとき以来、いつもの三人を芯に遊び回るのに散じた金は、私の生涯に豊かな実りをもたらしてくれる肥やしになった。しかしそう言うだけでは、とんでもないキレイごとだ。私は、それまでの人生の反動のように、遊蕩《ゆうとう》そのものに魅入られていた。

❖

象徴的なエピソードを一つだけ白状しよう。

あの時も、飲み仲間数人と繰り出した。私に十万円の臨時収入があったので、それっ、というわけだ。クラブなんかで女の子を五、六人呼んで深夜まで騒ぎ、禎さんの家に泊まった。翌朝、その禎さんの家に夕べの女の子たちも集合し、朝からビフテキ食うたりして宴会。禎さんが一時やもめ状態にあった時なので、したい放題だ。夕方からは、ひいきの南海ホークスのナイターを皆で見、ロシア料理を食べ、女性たちに足代を持たせて解散した。そしたら十万円がきれいに無くなっていた。小学校教員の初任給が八千円のころ、ほぼ一昼夜の遊びでだ。

これで相変わらず家には生活費を入れていないのだから、とんだ道楽息子の一丁上がりだ。

法律家も，ま，時と場合や＝自宅近くで

さすがに父も「遊び過ぎや」と小言を言ったが、母に「あんたこそ、若いころよう遊んどるのに、子どもには道徳垂れて」と一発やられ、沈黙した。

後で代わりに言ったことが、「人間、いい大人がケチ臭いっちゅうのが一番いかん。金の価値もわからん若いとき、ようけ無駄遣いしとけ。それに比べたら、後では何も惜しゅうなくなる」。

母にツネられて開き直ったのでもなかろうが、こちらの方がよほど、父なりの真実がこもっている。

◈

あのころの私は、やはり人生へのまじめさを欠いていた。昼間はたいてい眠たくて、ネオンとともに目が輝き出す日々。それでも、歓楽を尽くした明け方などに、ふと我に返る時があった。弁護士の肩書、人間の外側だけで世間はチヤホヤしてくれるし、金も入ってくる。しかし中身は全然それに伴っていない。うつむいて過ごした年月の重石《おもし》は、完全に自分を見失ってしまうことを許さなかった。

それでも、そういう暮らしを抜け出せない。溺れる、とはそういうことだろう。遊蕩の味は甘露のよう。私のような歩みをしてきた人間だからこそ、その味わいはひとしおだった。

第三章

釣り書き

素行ばれない北の地で、見合い

一九五〇年代の後半に世に出た駆け出し弁護士の仲間を見回すと、仕事のできるヤツは早々、マイカーを颯爽《さっそう》と乗り回し始めた。そして、自分で相手を見つけて次々に恋愛結婚していった。私はこの両方ともあかんかった。

車について言えば、運転免許のためであれ、試験はもうたくさんだった。中学入試に落ちたのに始まり、高校入試もダメ、司法試験は二度落ちて三度目に受かったが、これには京大入試のときと同様、賭けがうまくいったような面がある。

賭けは、当たった時が退き時。「桶狭間《おけはざま》の戦い」を二度やってはいかん。私は司法試験に受かって以降、試験と名の付くものは一切受けていない。

そもそも、不器用な私が運転免許の試験に受かるとも思えない。オートバイの試験なら当時は実技がなかったので、参考書を買って勉強を始めたものの、交通法規で滑るようなことがあっては弁護士の信用があやうい、というわけで結局あきらめた。

❖

さて恋愛だが、私は幼いころから「はぐれ」で、劣等生になると人見知りが一層激しくなった。ノブちゃんと下宿したのをきっかけに少しずつ変わってきたとはいえ、男同士ですらそうなのに、女性とまともに向き合えるはずがない。

遊び回っていたから酒の席での出会いは多かったが、若い女性が関心を持ちそうな話題の一つも持っていなかった。

いびつな勉強の仕方をしてきたので、教養の香りで女心をときめかせるのも無理。それに、早くも髪が心もとなく、腹も出てきて、ルックスで来いっちゅうワケにもなあ。

一方で、家には見合いの釣り書きが、それを入れていた菓子箱のフタが持ち上がるほど集まっていた。私は京大卒で、かつ弁護士という、社会の結構いい席が約束された切符を手にし、親も弁護士で家産がある。

女性との交際が全くないことと、家に舞い込む縁談の多さのこの極端なギャップ。私という人間の中身を見込んでの縁談でないことは明らかであり、私は遊んどるクセに反発は一人前で、「そんなのにオレの操を売れるか」と、釣り書きに手も触れなかった。

ところが、そうも言っていられない事情が生じた。私がイソ弁になった翌年、立命館大学で英文学を教えていた兄が急逝したのだ。結婚していた兄を失うと残る男兄弟は私だけで、もう二十九歳だったから、ぜひここらで身を固めて、ということになった。

遊び仲間からは、「中坊に恋愛はムリやし、見合いをしても、相手が聞き合わせをしてお前の身辺を調べれば、日ごろの行状がすぐばれる。オレたちかて真っ赤なウソはつけんしな。遠すぎて聞き合わせの来ない、北海道や東北あたりで見合いすることや」と、全くありがたい忠告を頂戴していた。

そこに、仙台から縁談が舞い込んだのだ。警察官僚だった義兄の転勤で姉夫婦がそちらに住んでおり、義兄の同僚の娘さんの話を持ち込んでくれた。義兄と私は、縁あって少年期まで身内同然に育った。好都合に「遠い」うえ、こんな私だと知っている姉夫婦の薦めだったことにも気持ちを動かされて、それまで足を踏み入れたこともなかった東北の地に旅立つことにした。

◈

今の天皇ご夫妻のロマンスが「テニスコートの恋」と世間を熱くした同じ秋、私を乗せた列車は、みちのくの空の下、垂れた稲穂の黄金《こがね》の海を走り抜けて行った。

今のミスショットは，ベルトのせいや＝自宅のゴルフ練習コーナーで

エビフライ

娘さんの前に、自分の弱点を並べ

仙台まで、長い列車の旅に揺られながら、見合い相手の娘さんが私と同じように「弱い人」だといいなあ、と思っていた。

弱い者の心は強い人には分かってもらえない、というのが、私が味わってきた実感だった。強くて優しい、というのはおとぎ話の理想で、人間の優しさは弱さと無縁ではありえない。今もそう思う。

世の中の常識では、夫となるのが弱い人間ならシッカリ者の嫁さんを、となるのかもしれないが、私の場合はダメだ。弱い者同士、よろめきながらでも、分かり合い、いたわり合って歩いて行ける人がよかった。

❖

先方の一家は、父親が警察の通信関係の技官で、警察官舎で暮らしていた。しずしずとお茶を運んで来た娘さんを前に、私はまず、自分の弱点をさらけ出してしまおうとした。

「生まれつき強度の近眼で、ぎっちょで、どもってまして、十六歳まで寝小便も垂れ、学歴、肩書はついてますけど実は小さいころから優秀とは言えず……」と、順番に並べていった。昔は、左利きや吃音《きつおん》のようなハンディが、人間として欠陥みたいに見られていたんやね。

それもこれも、なんでそんな盛大に弱点のご披露をしたかというと、この娘さんは、私のような者がその前で、裸の人間として安らうことを受け入れてくれるだろうか、それを知りたかったのだ。

私にとって妻とは、親友がそうであるように、何があろうとその懐に帰って行けるところ。寄り添って暮らすだけに、その究極のところと思っていた。それは、お互いに仮面をかぶっていては無理なことだ。

そう考えての弱点ご披露が、思いがけない効果を生んだ。「なんと謙虚な」と受けとめられたのだ。「異議あり」という私のケンカ相手たちの手が何本も挙がりそうだ。その娘さんによれば「謙虚さは、空っぽの人には備わらぬこと」。

およそ、美しき誤解なくして結婚なしや。

官舎でひととおり話がすむと、青葉城近くの高級レストランでデート。そこで出てきたエビフライに、レモン絞りが添えられていた。一九五〇年代の地方の店では珍しく、ましてつつましい家の娘さんは、絞り器を見るのも初めてだったろう。

私は金にあかせて遊んでいたから慣れていたが、初対面の女性に教えるというのも失礼だし、娘さんがこの状況にどう振る舞うか、見てみたい気もして黙っていた。

すると、いつまでたってもエビフライに手をつけない。冷めたらまずくなってしまう。食い意地の張った私は焦《じ》れ、とうとうレモンを絞って食べ始めた。すると彼女も、それを観察していて、同じように絞って食べ始めるではないか。

これなら、ご馳走してくれる相手より先に手をつけない奥ゆかしさ、という形をとりつつ、恥もかかずに食べられる。ふーむ賢いもんやなあ、と私も一挙に彼女の点数を上げた。

それはいいのだが、娘さんは北海道大学の理学部卒で高校教師をしていた、と聞いていたから、今度は「すごく賢い人に圧倒されっぱなしの結婚生活っちゅうのもなあ」と、逆に不安も湧いてきた。なにせ私は理系音痴だし。そこで、一計を案じた。

昼食の後、青葉城の近くを散歩していると、川に出た。私はここぞとばかり、「水中のものは、実際よりどの程度浅く見えますかな」と娘さんにたずねてみた。妙なことに、水の屈折率の数字だけは理系音痴の私の頭にあったので、ハッタリをかませたのだ。

するると、娘さんは首をかしげている。必要なら調べればすむ数値をいちいち頭に入れているのは、理系としての優秀さと何の関係もない、とは知らなかったので（そやから音痴やと言うとるでしょ）、「お、この程度ならオレでも太刀打ちできそや」とほくそ笑んだのだった。

◈

私たちはその後二度会い、最後に彼女が大阪にやって来た。せっかく遠くで見合いしたのに、ホームグラウンドでボロが出る恐れもあったのだが、梅田の中華料理屋で待ち構えたニッさんと禎さんが、私のことを「仲間の面倒見が良い」「話がわかる」「見かけによらず甲斐性がある」などと売り込んでくれた。

人間、悪いとこに一切触れず、良いとこだけ選んで言ったらどうなるか。そんな立派な方なら当の私もお近づきになりたい、という人物像が出現した。私も含め弁護士三人（未来形一人）がかりで検事役はいないのだから、娘さんにはお気の毒だった。

ともかく、こうして私たちは結婚を約束した。

嫁入り支度

「もっとええとこの娘を」と、あの父が

ところが、私たちの結婚に障害が持ち上がった。私は再び父について語らねばならない。

父は振幅の大きい人間だった。戦前の小学校で母らと校長排斥運動をやったり、学徒動員の壮行会で、労働に加え軍隊的鍛錬も課すとの学校方針に一人反対論をぶったり、熱血の正義漢という部分が確かにあった。人情家でもあった。

その一方で、よく遊んで、一緒に苦労してきた母を苦しめるようなこともする、野放図な人物でもあった。

私が司法試験に合格して以来、息子に関して父の振り子は大きく「俗物」の方に振れた。合格した際の父の狂喜ぶりは、その時だけではすまなかったのだ。幼い時から私のことを「ただの鉄」と見抜いて育ててきたその父が、これで鉄も金になった、と錯覚した。それが私の結婚問題に響いてきた。

要するに「今やお前には、もっとええとこの娘がふさわしい」と言うのだ。

そして仙台の娘さんを、「雰囲気が暗い」「体つきが弱々しい」「もっとシッカリした気性の人がええ」「ほかにも女子《おなご》はぎょうさんおる」など、言うこと言うこと。そもそも父がこの縁談に関心を示したのも、相手の高学歴ゆえだったのだ。

❖

肩書や人間のうわべで、世間ばかりでなく親までも、我が子を見る目を曇らせていく。それに、長男を亡くして一人だけになった息子、人の何倍も手のかかった息子がいざ妻を迎えるとなると、母親の心理も微妙なのだろうか。初めての見合いで早くも決めようとする私に、母も味方してはくれなかった。

父は結婚の直前になっても、嫁入り支度に文句をつけることまでした。裕福とはいえない妻の家には精いっぱいなのに、やれ着物を掛ける衣桁《いこう》がない、脱いだ衣類を入れる乱れ籠がない、と。

私は妻を連れ、足りないと言われた支度を買い足しに厳冬の京都、夷川《えびすがわ》の家具屋街へ出た。一休みしたフルーツパーラーの二階の喫茶店で、明日は花嫁になる淳子は泣いた。

親と決別すべき時が来た、私はその思いを噛みしめていた。

お日さん　父の永別の言に、義父が涙

見合いから半年後の一九五九年二月、私と淳子は結婚した。

婚約後、ニッさんや禎さんに「遊びは終《しま》いや」と宣言し、泡食って貯金を始めたが間に合わない。二間に台所、トイレの新居には、一番寒い時期なのにコタツもなく、世間では、皇太子(現天皇)ご成婚セレモニーを見ようとテレビが爆発的に売れていたが、これも無縁だった。冷蔵庫は論外で、「三種の神器」では洗濯機だけが寂しく鎮座した。

私の実家は裕福だったから、その気になれば息子の新家庭にかなりのことはできただろう。だが、妻の家がそれと同じようにすることは到底無理だ。

妻は、私の両親に歓迎されていないと知りながら、遠く、誰一人知った人もない京都に嫁いで来てくれた。嫁入り支度にまで文句をつけられて涙していた妻に、自分は夫として何をしてやれるのか。

考えた末、実家には何一つ依存すまい、我が家への介入も許すまい、と決めた。それをしてしまったら、妻は身の置き所がなくなる。そうはさせるか。

❖

そして私の場合、親と決別しようと思ったら、極端な頑《かたく》なさで踏み切らねば決してできない。こんないびつな私がここまで歩いて来られたのは、この両親あってこそだったのだから。結婚後、我が家と私の実家が疎遠だったわけではなく、よく行き来はした。だが、こちらの家庭への口出しや、経済的、物質的に何かを受け取ることは、孫へのオモチャさえ断わったことがあるほど、頑固に拒んだ。蟻の穴から堤が崩れるということもある。そして、「私の実家にもそうしているから」と、妻の実家からも気持ちだけ頂くようにした。

こうしたケジメを掲げた背景には、私自身の問題もあった。三十歳になるのに、まだ自立ができていなかった。家に生活費も入れずに遊び回っていたようなだらしなさ。職業人として、自分の未熟さへの自覚も鈍かった。

そうしたことの元をたどると、結局、親にすがるようにして歩いて来たことによる「依存意識」があった。その甘さが、命を守る治療のやむを得ない後遺症のように、私の中によどんでいた。それをここで断ちたかった。精神的にも経済的にも、これからは夫婦だけでやっていく。そしてそれが、妻を守ることにもなると思った。

◆

あれから四十年、旅路穏やかとはいかなんだ。はた目にはどうあれ心身とも脆《もろ》い私は、険しい山、深い谷のどれ一つ、妻なくして越えられはしなかった。

私は、東京に数日続けて用があってもいちいち日帰りする。強行軍と言われるが、そうではない。私は太陽電池で動いており、妻が私のお日さんなのだ。

父は、七六年に亡くなった。いよいよの時、義父母が見舞ってくれたのだが、病院から戻って来た義父が涙を落としている。聞くと、心臓発作を繰り返していた父が、ベッドから語りかけたという。「あなた方の娘さんは、ウチの公平にとって二人とない、日本一の嫁さんです。ありがとうございました」。そうして頭を下げたと。

義父母は私たちの結婚のとき、娘が私の親に大事に思ってもらっていないと察していたという。「遠く嫁がせ、心配が胸を離れる日は一日となかった。だけど今日の涙は、うれし泣きです」

親父、この別れの言葉を、オレが一番聞いてほしかった人に言ってくれたか。見ててくれたな。

ほな，行ってきます＝自宅で

行方不明

単純な離婚問題に見えた

結婚について、両親の反対に影響されず、あくまで自分自身の判断と、私を受け入れてくれた妻の気持ちを信じて進んだのは、妻と出会う直前、手痛い経験をしていたためでもある。その出来事は、以後の弁護士としての仕事にも影響していった。私が、家庭の事情にかかわる訴訟や調停を手がけなくなったことが象徴的だ。この分野は、男女の機微を深く汲《く》み取らねばならないことが多い。自分にはそれができるのか。

幼いとき何かでひどい目に遭った人が、長じてもそのことを生理的に避けるように、私にとって傷跡のようになっている思い出だ。

それは、小さいころの私付きの女中さんだった人が「弁護士にならはった公平さんに、初めての仕事を」と持ち込んでくれた、親類の女性の離婚問題だった。悲しくはあるけれど、筋は単純そうに見えた。

母親に付き添われて訪ねて来た、その三十代の奥さんは、ある日、姑に言いつけられて買い物に出かけ、帰ってみると「実家に帰んなさい。あんたの持ち物は全部、送り返しておいた」と、追い出されたという。

それまでもずいぶんイジメられていたようで、奥さんのどの指だったか、先が欠けているのも、包丁でケガをした時、姑がキツくてちゃんと治療させてくれず、悪化してこうなってしまったのだそうだ。その指を見せてもらうと、奥さんの目に涙がにじんだ。

母親は、「娘の亭主の弟たちは、銀行の支店長やらそれぞれ立派にならはったけど、亭主だけはボンヤリした人で、文具店をしてるけど、さほどはやりません。それを先方の家は、全部娘の内助の功の至らなさみたいに責める」とも訴えた。

やり切れない話である。だまし討ちして追い出すとは陰険なうえ、亭主も亭主だ。我が妻の持ち物を、こんなやり方で母親がどんどん運び出させるのに、それを止められないとは。そんな情けない男ではこの先どうしようもない。奥さんの側にとっても、なるほど離婚はやむを得まい——私にもそう思えた。

さっそく、家庭裁判所に離婚の調停を申し立てた。もとより先方も離縁したいのだから、ことはさっさと進み、いよいよ家裁に双方の関係者が集まって調停成立、という日。私と先方の代理人が、調停室で慰謝料など離婚条件を文書にし、当事者二人の最終的な了解を得ようと廊下に出ると、大変なことになっていた。

◆

付き添っていた双方の肉親の目を盗むようにして、二人の姿が忽然《こつぜん》と消えていた。姑は動転し、大声で妻の母親に「あんたとこの女狐《めぎつね》が、また息子をかどわかした」と突っかかり、こちらのお母さんも「ウチの子はそんなふしだらな娘と違う」と、大変な剣幕で反撃している。

「かどわかす」「ふしだら」と言うても、二人はまだ夫婦なんやけど。ともかく母親たちはあたりの目もはばからず、つかみ合わんばかりだ。

ケンカしてる場合か。私は不吉な感覚に襲われて外に飛び出した。二人は家裁の建物から手を取り合って身を躍らせたのではないか。建物の屋上と壁際の地面に目を走らせながら、私は家裁の周りを懸命に走った。

白装束

「人の心わかる」との自負砕かれ

双方の家族たちも夫婦の姿を捜し回ったが、結局、行方は不明だった。何があったのか見当もつかない。

妻の母親が、悄然《しょうぜん》として私を訪ねて来たのは、それから三日ほど後のことだった。「先生、大変申し訳ないことになりました」。妻が、夫と共に婚家に現れたという。そして事情が明らかになってきた。

妻が夫を連れて逃げ、いったん大阪・西成の簡易宿泊所に隠れたのだ。そこで夫婦の間にどんなやり取りがあったのか、婚家に戻った妻は姑に告げたそうだ。「今度私がこの家を出るのは、白装束をまとった時です」

死ぬその日まで、再び家を出ることはないと。これはもう、立派な啖呵《たんか》やねえ。タンスも鏡台も服も下着も全部、姑が実家に送り返してしまっていたが、それらを取りにさえ実家に帰りはしない、と宣言したという。さらに、「あなたは母親なのに何もわかっていない。ウチの人には私が必要です。この人は親の目にも頼りない息子と映るかもしれませんけど、私には大切な夫。決して別れません」と。

❖

私はぐうの音も出ない。妻の母親さえ「こんなことを言う娘とは、生み育てて今日の日まで、思ってもみませんでした」と、茫然《ぼうぜん》としている。

その啖呵を母親が知ったのは、姑が怒って電話してきたからだが、それにしてもずいぶん詳しく伝えてきたのは、姑もやはりショックだったのだろう。

おとなしい妻だった。口数も少なく、お母さんが「こんな亭主とは別れるやろ」と促せばうなずき、母親が婚家の仕打ちを訴える横で涙ぐんでいた。私も数回会っているのだが、こんな行動や言葉は想像もできない。

うかつにも、当事者である妻と一対一で、その胸の内に耳を傾けたことはなかった。母親同様、この場合もう離婚しかありようがないと決め込んでいた。

だが夫婦の本心は、妻が家に戻れるようにしてほしかったのだ。いきり立つ双方の親の剣幕に押されていたのだろうが、夫婦がいよいよの危機に立たされた時、従順に生きてきた二人は変わったのだ。

妻は私の前に二度と現れなかった。担当弁護士に不信任を突きつけて自ら妻の座を回復し、後に姑が寝たきりになると、その世話もすべてして、姑は感謝しつつ亡くなったそうだ。

◆

親といえど、あるいは親ゆえに、男女のことはうかがいがたい。私の結婚に反対した両親もまた然《しか》りではなかったか。

私にしても、「弁護士にはエリートコースを来た人も多いが自分は違う。デコボコ歩いたぶん、人の心がわかる」と思っていた。それは、ほんの一面に過ぎなかった。他人には取り柄が見えてこない人間を「かけがえがない」と想《おも》う人もあり、胸に描く幸せの姿も、余人にはうかがい知れぬことがある。

私は後に幾つかの社会的な事件に取り組んだが、そういう時には、状況から客観的に最も適切な解決の形を探ったり、絶望的でもどこかに道を見つけたりすることに、不思議にカンが働いてきた。しかし、人の情《じょう》は時に客観では見えず、理では割れない。

それを丹念にほぐしていくことが、どうしても苦手で、今もそうだ。私はしだいに、家庭の事情や人間関係にかかわる訴訟、調停を手がけなくなっていった。

自分は満遍《まんべん》なくこなせる、と思い込むことはどんな職業であれ危うい。私は調子良くスタートできず、それで自分の弱点に早く気がついた。

それにしても、人間といい人生といい、その色合いは深く、奥は見通しがたい。人が決死の思いを抱いて蛹《さなぎ》になり、来《きた》るべき朝《あした》に蝶が飛び立つ。そういうことがある。

横　領

足元の台がパーンとはずれ

一九五九年は、私にとって「独立の年」だ。二月に結婚したのに続き、イソ弁生活に終止符を打って、そのまま大阪で自分の事務所を持つことにした。京都で父と一緒にやろうとは考えなかった。あらゆる面で頑《かたく》なに自立に踏み切らないと、私ほど親に深く依存してきた人間は、結局、一人で立てるようになれないと思った。

事務所にする安めの部屋を探そうと、大阪の中心部からややはずれた街を歩き、南森町の古いビルの二階に空きを見つけた。その後ビルこそ建て直されたが、今に続く我が事務所だ。

事務所開きは四月。雇った事務員さんと二人、依頼者を待った。

❖

ところが、ごくまれに、思い出したようにしかお客がない。

まだ実績のない新米弁護士に仕事が入るきっかけは、人のつながりが大きい。先を見通せる人たちは、修習生やイソ弁のころから人脈の開拓に努める。仕事を通じて、更に酒の飲み方一つでも、それを心がける。また、学校時代の友人に仕事を持ち込んでもらえる人も多い。だが私は人見知りが強く、人の輪に進んで入ったり、人のつながりを更に先へ伸ばしたりすることが不得手だった。学校でも、小学校ではミソっかす、同志社の級友たちとは私が京大に転じたことで別れてしまい、その京大でも、旧制高校出身者たちの仲間意識とは無縁だった。

仕事はなくても、出るものは出ていく。事務員さんの給料に事務所の家賃、電話代、弁護士の体面上どうしてもかかってしまうタクシー代や飲食費……。それに、これまで実家に自分の生活費さえ入れていなかったのが、今は所帯《しょ》を背負っているのだから。

事務所の固定収入として、月々、イソ弁時代の月給の倍額の顧問料が入るように用意してはいた。しかし、純粋に「使える金」として入る月給と、そこから諸経費を引かねばならない粗収入では、同じ金でもこれほど違うとは。世間知らずだった。

焦った私は、同志社中学の同窓会に初めて出席し、名刺を一箱持参して配った。経済人の集まるクラブにも食事に行って愛想笑いをした。父の知人の知人まで訪ねてあいさつした。「営業」だ。しかし、私がやるとどれもギコチナかった。惨めで、「でもこれだけやれば」と

独立したてのころの手帳はホンマ，予定が真っ白や

願ったが、見当違いだった。これくらいで効果があるなら、世の営業マンの方々が苦労されるはずもない。

パチンコで暇をつぶし、ときおり事務所に電話して「お客から電話は」と聞くのだが、一本もない日が多かった。本来たいして吸わないタバコをせわしなくふかし、吸い殻のたまった灰皿は掃除させなかった。来客があった時、はやっていないと悟られないためだ。

そんな中、妻が卵巣の手術で入院し、快復すると今度は事務員さんが足の病気で入院して、弱り目にたたり目だった。だがこれまでも、とても私には無理と思った京大入試や司法試験も、いざとなればウマい方法が見つかり、何とかなった。今度だってと、どこか生ぬるさがあったと思う。「出来過ぎ」には、やはりマイナスが伴う。

❖

この年の大みそか、家に持ち帰っていた事務所の帳簿を整理した。その締めの数字が、何度やり直しても、いくら算数が苦手な私でも間違いではない、とわかった時、血の気が引いた。残高が、私の数少ないお客たちからの預かり金に足りない。「使い込んでいる」足元の台がパーンとはずれ、体がヒューッと落ちていくような感覚に襲われた。「業務上横領」。弁護士の身で――。

就職依頼

「独立」撤回しようともがいた

「オレは、やっぱりあかん人間やった」と、私はくずおれてしまった。司法の世界に身を置きながら、お客からの預かり金を使い込むという、法にもとる破綻《はたん》に陥っていたとは。「あらゆる面で自立を」などと身の程知らずに企てたが、自分で万事切り回す才覚は備わっていなかった。やはり月給をもらう身に戻って生きていくしかない、と大みそかのその日のうちに実家の父に相談に行った。年が明ければ二月には子どもも生まれる予定で、ぐずぐずしてはおれなかった。

❖

「弁護士として独立するのは自分には無理とわかったんで、裁判官に転身しようと思うのやけど」と言いつつ、内心、父が「やっぱりワシの事務所で働いたらええんや」と手を差し伸べてくれるのでは、と期待もしていた。口では「親と決別」とか言っていたのに、私の弱さだ。

だが父の答えは、「裁判官になるの、あ、そう」だけ。父に反対された結婚を押し通し、事務所の後継ぎにという願いも振り払って飛び出しておきながら、一年もたたず当の父に助けを求めたのでは、突き放されるのも仕方がなかったかもしれない。

それにしても、私を自分のところに引き取らないまでも、事務所の経営に助言するとか、励ますでもない。取りつく島もない態度に、親を頼るのはきっぱりあきらめざるを得なかった。父は意図的にそう仕向けたのか。

私は観念し、正月早々、司法修習時の教官だった裁判官に、就職を頼む手紙を出した。情けない次第だが、こうしたことは初めてでもない。すったもんだして京大法学部に入ったのに、司法試験におじけづいて地元銀行への就職を考え、父にどやされた。実は修習後の進路を選ぶ際にも、遊びでつくった借金を返済する苦し紛れに、まとまった額の着任手当を目当てに数年だけ裁判官をやろうかと、ふらちにも考えていた時があった。

私は決して、理想や正義感から弁護士を志したのではない。やはり金《きん》ではないのだ。

❖

裁判官から届いた返事は、色良いものではなかった。転身の動機があんな低次元では、たしなめられて当然だ。

それにしても、銀行員でも裁判官でも、私はものにならなかったろう。銀行だったら、物事をきちんとすることや計算が苦手な私は、最初の窓口業務で落ちこぼれ、また、管理的組織の中で上司に仕えることも務まらなかったはずだ。実際、住宅金融専門会社(住専)の不良債権の処理にかつて共に携わった中堅銀行マンに、「申し訳ないですけど、銀行では課長も無理だったでしょうね」と言われたことがある。

また裁判官は、緻密さと、まずは人の話をよく聞くことが必要だ。大づかみが身上で、話をしまいまで聞かずに方向を決めて走り出す気性の私は、裁判官にしたらあぶない。

では弁護士の仕事なら、といえば、例えば「世話物」はうまくさばけないと、離婚調停のケースでお話しした。

適応できる幅が狭い、私のような人も世の中には少なくないはずだ。でも今の社会では、二、三の面で落第だと、もうそれ以外は考える暇《いとま》もなく、はじき出されてしまいがちだ。アクのある野菜も、調理の仕方いかんで、その苦みや渋みが料理の風味を一段引き立てることがある。そうした懐の深さが、生かす方にも生かされる方にも、幸せをもたらしてくれはしませんかなあ。

芯出し

クレーン上の私、見上げた顔、顔

一九六〇年の正月、私は進退きわまっていた。事務所の独立はうまくいかず、やっぱり父の事務所に置いてもらおうという虫のいい期待もはねられ、裁判官への転職もメドがつかない。進むも退くも、転進もかなわず、事態の深刻さだけが増していく。

私の窮状におかまいなく、もうあと何日で赤ん坊が生まれてくる、という切羽詰まった一月の下旬。一つの仕事が舞い込んだ。ある町工場が倒産してしまい、再建を目指せるよう債権者たちとの和議に持ち込んでほしい、というものだった。この件で食いつなげるかどうか、すぐに出向いた。

❖

その工場は大阪の下町にあり、水道用など大小様々な弁を製造していた。足を踏み入れると、土間に所狭しと並んだ旋盤、ボール盤、フライス盤、カッター、そして機械油の焼ける臭い。規模こそ小さいが、戦時中に学徒動員された尼崎の工場と様子がそっくりだ。当時の記憶が鮮明によみがえり、私は、十数人いた工員たち一人一人のところを回って、その手元に見入った。

和議の仕事では、弁護士は普通、そう度々その会社に出向かないし、行っても経理など管理部門で、製造現場まで足を運ぶことはあまりない。だが、ほかに仕事がない私は、救われるような思いと、懐かしさに引かれるように、ほとんど毎日、工場に通った。

そうして十日ほど通ううち、あることに気づいた。

鋳物に穴を開けたりネジを切ったりするには、最初に鋳物の水平・垂直を正しく据えることが大切だ。この作業を「芯《しん》出し」と言い、けっこう手間がいる。これが狂うと、部品を組み合わせようとしても、はまらなかったり、ガタガタ遊んでしまったりする。工員たちの仕事ぶりを見ていると、この芯出しをキッチリしないまま加工にかかっている。これでは不良品が増え、納期は遅れ、工場の評価が落ちて注文も減る。彼らにそれが分からないはずはないのだが。

イの一番の基本作業に、この工場が抱える問題が象徴的に表れていた。不況で業績が落ち込んでいるうちに、負け犬気分が染みついて、モノをつくる時の気の張りが蝕《むしば》まれてしまったのだ。

私は旋盤やボール盤の間を行き来しながら、「あんた、そんな芯出ししたらアカンやないか」「もそっとこっちに寄せな、狂うで」などと声をかけ始めた。昔とった杵柄《きねづか》だ。

工員たちは「おや？」という顔で私を見るようになった。技術指導までする弁護士なんて、おらんもんね。

◆

言うだけではもどかしくなり、とうとうある日、上着を脱いで、構内のクレーンの運転台に上がる鉄の梯子《はしご》を、カンカンカンと上り始めた。大きな鋳物の芯出しは、クレーンで吊り上げ、アームを細かく操作して行う。かなり難しい作業だ。

梯子を高く上るうち、工場中のあっけにとられた視線が集まってきた。クレーンの操作を始めた私を見上げた顔、顔、顔。そこに「オレたちの工場のために弁護士はんがここまで……」という表情があった。この工場には、業績不振に沈んだ士気を奮い立たせるものが欠けていたのだ。おとなしい社長さんは、そうしたパフォーマンスには不向きだった。

「ついてくで」。そういう気持ちを込めて自分に向けられた顔を、私は生まれて初めて見た。

ここにあった工場の，この上にクレーンがあってなあ

芯出しのためにクレーンの運転台に座ったものの、工員たちの模範になるような巧みな操作ができたとは思えない。どだい、動員学徒だった私より工員たちの方が技能のプロなのだ。だが、彼らはそれを問題にしなかった。そんな私でも何とかキチンとやろうとすることを、自分たちはいつしか怠っていた、と気づいてくれたのだ。彼らは以後、「先生、もう結構ですわ、ワシらがやりますよって」と、再建に向け私と力を合わせてくれた。

❖

臨時社長

一斗缶の焚き火囲み、再建へ

私は工場に入り浸り、帳簿をひっくり返して金繰りの算段をしたり、やって来る債権者たちを「今後は不良品を出さんよう、納期も守って稼ぎますから、もそっと待って」と説得したり。工員を集めて「今月の月給はちゃんと払うさかい」とか、演説もやった。

夜になると、一斗缶に火を焚いて工員たちと車座になり、私が酒やら安いつまみをおごって、工場のことから世間話までワイワイやった。何やワシ、わくわくしてしもうて。こういう雰囲気は、私のそれまでの人生に最も欠けていたものだったから。

自分の事務所に工場の決算や資産の資料を持ち込んで机上の仕事として進めるより、現場で動き回る方が、劣等生上がりにはずっとエネルギーも出る。八方ふさがりだった私が生き生きしてくるにつれ、工場にも活気が出てきた。社長さんも「先生、先生」とおだてるし、なんだか私が臨時社長みたいになってきた。

生まれて初めての「リーダー」は、いそいそと工場に通った。人が本気で頼ってくれる、頼ってもらえる、というのは、とてもうれしいことなんやね。初めて知った。

こうして半年後、債権者たちも再建への足取りを評価してくれ、和議がまとまった。

❖

その後で、想像もしなかったことが起きた。

債権者の中から、私に仕事を依頼してくる人が二人、三人と現れたのだ。私は何とかあの工場を再建しようと、債権者たちにはずいぶん我慢させ、泣いてももらった。なのに、「あんた、若いのにようやる」と。

彼らは心配で工場をのぞくたび、作業服の工員たちの間をワイシャツ腕まくりで動き回り、ああやこうやと指示している不思議な男を目にしていた。「社長でもないし」といぶかり、弁護士と知ってあきれていたのだったが。

人脈づくりもできない自分に独立は無理だった、とほとんどあきらめていたが、「仕事」を見てお客がついてくれる、この道があった。職人と同じで、納得のいく仕事を残せば、コネづくりなどに腐心せずとも仕事が次の仕事を呼んでくれるのだ。「そういう仕事を続けられれば、食えるぞ」

私は、この町工場のケースから懸命に今後の糧を汲み取ろうとした。あそこで、焦点は職場の士気低下による不良品の多さだった。私が、芯出しの雑さに気づいたのをきっかけに、すぐその本質に行き着けたのは、現場に入ったからこそ。そうでなければ、銀行借り入れをどうして、債権者にどう待ってもらって、その間に一部資産を売却し、工員をリストラして……と、ありきたりで、あの工場ではさほど効果の期待できない対症療法の道に入って行ったろう。

発奮した工員たちと一致団結して浮上の道を進めたのも、現場に立ち続けたから。根本原因の発見も、再生の道も、すべてそこにあった。現場には本当に金《きん》が埋まっている。鉄にすぎない私のような人間でも、鉄はこの金脈を掘るのには使える。現場は、ありがたい。

どうなんや？

神宿る　今度こそ、自分の「型」つかんだ

町工場の再建にかかわった一九六〇年も残すところ数日という日、妻と連れ立って、私たちの仲人だった京都の会社経営者、野沢さんのお宅を訪ねた。私は、事務所で当座の運営に回さずともすむ金を集めて定期預金にし、その預金証書を持参した。事務所の不振でだいぶ心配をかけていたからだ。

「この通りです」と証書を見せると、私を小さいころから知る野沢さんは、網焼きをご馳走して祝ってくれた。奈落に落ちた前の年の暮れからちょうど一年。あの時の上等の牛肉、噛みしめたなあ。

❖

私はよく、「現場主義」と口にする。同じ言葉をよそで耳にすることもあるし、刑事たちの間には「現場百遍」という言い方もあるそうだ。いろんな仕事の畑で生きている黄金の律

なのだろう。私はそれを、大阪の下町のあの工場で発見した。くどくどと工場に通い、くどくどと目をこらして回った。優秀な人のように、力を込めるところ抜くところメリハリつけて、と言っていてはたちまち墜落する。身の程を知っているから、手抜きはしなかった。

京大に入ったことや司法試験に受かったのは、人から知恵ももらい、運にも乗じて、ゲリラ戦法で建てた一夜城だった。見かけは大層でも、基礎もなく心柱も通っていない。独立し、周りで守ってくれていたもろもろが無くなると、脆かった。だが今度こそ、生きていくための自分なりの「型」を、この手でつかんだ。それは今日まで変わることはなかった。

◆

森永ヒ素ミルク中毒事件の被害者弁護団長を務めたときには、半年余りをかけて、近畿各地に散らばった全原告を含む約五十軒の被害家庭を回った。この目で確かめた後遺症の胸がつぶれるような実態、直に耳にした心に突き通るような呟き、それらこそ、法廷で加害企業や国と激しくせめぎ合う私の、盤石の重しとなってくれた。

さらに後、産業廃棄物を不法投棄された瀬戸内海の豊島《てしま》には、百回以上通った。整理回収機構の社長をしていた間は東京暮らしだったが、週末に通い続けた。

赤ん坊まで入れても千五百人に届かない島が、我が国最大規模の約五〇万トンもの不法な産廃と行政を相手に、アリとゾウとの闘いを繰り広げ、ついに二〇〇〇年六月、国の公害調停で「撤去」を獲得した。

そして迎えた秋、住民たちが弁護団の慰労会を開いてくれた。宴さなか、おじいさんが一人立ち上がった。「今日は喜びの会です。でも、もし敗れていても、私たちは今日と全く同じに皆さんを囲んだでしょう」

結果が良ければ良し、悪ければたちまち遠ざかっていく人が多い今の世で、こんな言葉をかけてもらえるとは。この幸せに、涙が出た。こうした絆《きずな》が培われ、それに支えられてこそ、この日を迎えることができたのだ。

私は、人からどう見えようと、昔と同じ弱い人間のままだ。そんな私の言葉や行動にも、現場が生気を吹き込み、「説く力」を持たせてくれる。私と人とを強く結んでくれる。

現場に、神宿る。

あんなあ……　=香川県・豊島《てしま》で

寒い時

追い込まれ、目があいた

赤ちゃんは初めて立ったとき、ニーッと笑う。私が「現場主義」を発見したときの感激は、まさにこれだった。初めて人に頼らずに自分の足が地面に届き、これでご飯を食べていける、と深く安堵した。大げさな、とお感じだろうか。

私は最近も講演中に、昭和の年数を西暦に言い換えようとして立ち往生した。二十五を足す暗算ができない。沈黙が長引いてしまい、「私は算数はあかん、と言うてるとおりでしょ」と笑っていただいて切り抜けた。

仕事柄、会食にお招きいただく機会も多く、そんな場では、体裁悪いけど私はこうしかできんから、とあきらめて、こぼしたり服を汚したりしつつ口にする。そしてトイレに立てば、下着が後ろ前なのに気づくこともしばしばだ。

「算数ができない」とか「日常動作がちゃんとできない」と、これまでもお話ししてきたのは、謙遜やユーモアのレベルではない。これだけにとどまるわけでもない。「劣等」ということに怯えていた者の、暗い穴に吸い込まれるような不安がお分かりだろうか。普通の人が息をするように当たり前にしていることができない、ということは、その一つひとつに、この世と調和して生きていく力を削《そ》がれるような気持ちにさせられるものだ。

私にだってそれなりに出来ることはあっても、その凹凸があまりにいびつで、不器用な人間だ。その私にとって、体ごと現場に漬かり切り、五感を全開にして糸口を探るよりほかに、方法はない。

❖

あの一九六〇年の正月、事務所が破綻に追い込まれていたことが、私を現場に走らせた。そうでもなければ、弁護士が町工場に足しげく通うことはなかったろう。また、現場に行きました、現場主義が身につきました、ともまいらない。やはりあの時、切迫感で全身の神経がビリビリしていたからこそ。

一日で一番寒い時、それは多くの場合、夜明け前だ。社会に適応して生きていけるか不安を抱く私のお仲間に、そのことをお伝えしたい。

第四章

大仕事

「新幹線の工事止めて」なんて

現場主義に目覚めて以来、ちょっと変わった私の働きぶりを見聞きして仕事を持ち込んでくれる人が続き、事務所は軌道に乗ってきた。

そして、町工場の再建から二年たった一九六二年のこと。京都駅のすぐ西にあった小売市場「丸和百貨」の自治会役員たちが、私を訪ねてみえた。

丸和百貨は、ガード脇に立つ五階建てくらいのゲタ履きビルの一階に、それぞれ一、二坪の魚屋、八百屋、乾物屋、豆腐屋、総菜屋などが二十数店、棚を並べていた。だが、東海道新幹線の建設のために立ち退きを迫られていた。

役員たちは、「国鉄と家主だけで話を進め、店子は涙金で生計の場を奪われる。真っ当に補償してもらえるまで、新幹線の工事を止めてほしい」と訴えた。

聞いたとたん、法的には無理と感じた。「夢の超特急」を二年後の東京オリンピックに間に合わせ、その威容で「敗戦国」から脱すべく、工事は急がれていた(開通はオリンピック開会の九日前)。「国の威信にかけて」という旗印のもとに、国民も無邪気に結集できた時代のことだ。詳しく事情をたずねてみると、確かに理不尽ではあるのだが、それにしても工事を止めるのは……。

初めて経験する大仕事は、私を、法律家としてはむしろ問題のある「活動家」にしていくことになる。

❖

不動産の強制収用では、補償は関係者ごとに個別にしなければならない、と法で定められている。これに準じて事を進めるべきなのに、小売市場が入っているビルの家主は、国鉄との交渉を一手に進めて一括して補償を受け取り、店子への配分を不当に低く抑えようとしていた。

法が示す原則にそぐわないことは明白で、店子たちが同意したわけでもないのに、なぜ国鉄はそれに乗ってしまうのか。市場自治会の役員たちは大阪の新幹線工事局に何度も足を運んだが、「東京でないと分からない」「ビルは高架の脇になるので、壊すと決まったわけでもない」などとはぐらかされ、家主とどう話を進めているかさえ説明してもらえないという。

実は、国鉄はもう一年以上前に家主と移転契約を結び、補償の一部として、当時で億を超える金を支払い済みだったことが、後にわかる。

◆

国鉄の態度を不審に思って私も新幹線工事局に同行してみたが、なるほど誠意に欠け、数度通ったがどうにもならない。

理不尽さを、元運輸大臣で地元選出の国会議員に訴えてもみた。議員は東京の国鉄本社に問いただすなど動いてくれたが、私に率直に打ち明けた。「政治家にも、小学校の生徒と校長先生くらい差があってな。この件は、あんたもナンボやっても解決できんよ」。元運輸大臣に、ほかならぬ国鉄のことでこう言わせてしまうものは何か。ある大物政治家の力が利用されている、と感じた。家主はビル経営、飲食業などを手広く営んでいたが、どこかに手づるがあったのだろうか。これでは相手にされないはずだ、と思った。

市場の店はどれも零細で、店主もおかみさんも、体に染みついた匂いから商売がわかるような、朝から晩まで身を粉にする人たちだ。それが、代わりの商いの場を求めるお金も与えられずに放り出されるとは。

私かて、社会の理非曲直が法に定められ、貧富や身分の差なく及んでいる、そうするために法律家はいるのだ、と思っていた。その法が、強い者たちの胸三寸なのか。

「くっそう、踏んづけやがったな」。市場の人たちも私も、もろともだ。怒りが突き上げてきた。虚弱な劣等生だった幼い日、勝ち目のない相手に夢中で噛みついた、あの怒りだ。

だが無念なことに、司法にはこの市場の人たちを守る有効な力がない。こんな補償のやり方は違法だが、それはそれとして正すべきであり、新幹線の工事を差し止めるのは筋違い――これが法の論理だ。

しかし現実はどうか。工事さえ進めば、国鉄は、もはや補償交渉が長引いても痛くも何ともない。もう巨額の支払いを受けている家主も同様だ。一方、店子側は既にこの時点で、周辺住民の立ち退きが進んだために売り上げが平均三割落ちており、この上ほとんど空手のまま退去を強制されれば、さらに借金しても新しい店舗を求めねばならない。家計が火の車になれば、闘いの資金どころか、安い補償でもノドから手が出るほど欲しい。生活に追われれば時間もなくなるし、市場を失って仲間も散り散りになる。

正しいことでも、それを主張し闘う力を、現実には奪われてしまうのだ。強者と弱者の間に「公平な」制度を置けば、それは強者を利する――これがその現実なんだと、初めて思い知った。高い壁だった。

招集　弱いもんは「安全に」は闘えん

国鉄も家主も取りつく島がなく、その間にも市場の周囲では、測量や杭《くい》打ちなどが日々進められていく。

着工差し止めの仮処分は無理でも、理屈の上では、補償請求の裁判を起こせば勝てるだろう。しかしそれは、いつになるのか。零細な店主たちは、よそに移って商売を続ける資金が今なければ、店を失ったとたん暮らしに行き詰まる。まして訴訟費用など。間に合わない薬が、瀕死の人にとって何だろうか。といって彼らにはほかに、対抗するための何の力もない。

もはや、この理不尽さを白日のもとに引き出し、世間に訴えるしか道はない、と私は考えた。だがそうは言っても、新幹線の建設でたった一つのビルの、ただ一つの階に入る二十ばかりのちっぽけな店が追い詰められた状況を、どうしたら広く知ってもらえるのか。

❖

この国家的事業の工事を「止める」ことによって、社会に気づいてもらうしかない。法的に止められないなら、実力によってでも。それに実際、工事をされてしまったらこの勝負は終わりなのだ。

周辺住民の立ち退きが進んで、利益ゼロの店も出てきていた。京都市の調査によると、最終的には、新幹線沿いに市場の顧客の五割以上が去る見込みだった。

市場が入っているビルの上階の住人もすでに引き払い、ガランとしてしまった。その鼻先に高架を通すため、ビルの間際まで四メートルもの深さで掘削するような大規模な工事が始まる。そして完成すれば、ビルのすぐ脇に、太さが一・五メートル角で高さ一〇メートル以上のコンクリート柱が四本そびえ、市場はその高架の陰になる。

これでは、少なくなったお客の足さえ遠ざかる。それを見透かして国鉄は、「いやなら立ち退いてもらわんでも、新幹線が走れんわけではない」と恫喝《どうかつ》してきた。こんな状態で商売を続けても、市場は干上がってしまう。

脅しで揺さぶりつつ、国鉄は市場の脇に縄張りをし、資材を積み、いよいよ土木機械も持ち込んだ。これでは、強者による弱者への実力行使ではないか。ほかに何の力も持たない人たちが、つつましい暮らしを守るために一身を投げ出す実力行使をこそ、天も許したもうのではないか。

それは法治国家において問題ではあろう。弁護士として社会人として、幾ばくかの経験を積んだ今なら、あるいはほかの道を見出せるだろうか。当時の私には、これ以外には考えつかなかった。

もはや猶予はない。秋も深まったある晩、私は市場の人たちに招集をかけた。

◆

市場の自治会長、青果店の上崎さんの家の二階に、店主やおかみさんたち二十数人が詰めかけた。みんなの顔を見回して、私は口を開いた。

「体張ってでも、工事を止めるしかない。弱いもんが強いもん相手に安全に闘うことはできん。止めて初めて向こうと五分。その先の見通しは立たんけど、大きな力にすくんでしお食われるか、命取られる前に猫に噛みつく窮鼠《きゅうそ》になるか、どっちや」

緊急電話網

かばわれるべき者たちが、前へ

青果店の上崎さんの家で寄り合いが重ねられた。私は、体を張ってでも新幹線の工事を止めざるを得ない、という状況判断を説明していった。

正当に補償されるまで「法的に工事を止めて」と依頼されていたが、それは不可能なこと。すでに兵糧攻めで締めつけられている中で、せめて市場の足元を崩される工事を食い止めないと、もう抵抗はできないだろうこと、まさにそこが狙われていること。

結局、家主とその関係者が経営する数店を除く約二十店が、一つも脱落せずに実力行使の方針に結集した。これまでは押されてばかりで攻めあぐんでいたが、「よっしゃっ」「オーッ」と気勢もあがってきた。

❖

「やるとなったら、亭主だけやないで。二十人の亭主もヨメはんと一緒なら四十人や。一家あげて工事止めんのや」。実際、市場の店ではおかみさんも、店番、仕入れ、配達と、亭主と入れ替わり立ち働き、夫婦は共同経営者だ。

亭主が右代表で首を突っ込んでいるだけの運動は、ひ弱だ。みなさんのご家庭も振り返ってご覧ください。ヨメはんの腰が動かなんだら、何をやっても、も一つ迫力がありませんでしょう。ヨメはんが行動を起こしたとき、文字どおり暮らしを懸けた、重量級の闘いが始まるんでっせ。

さっそく、着工を警戒する夜間当番が割り振られた。昼は、工事現場となる市場前の道路の交通量も多く、市場で働くみんなの目もあるので、夜間に着工される可能性が大きかった。夜の見張りはまず、男たちの役目だ。そしてイザという時、直ちにみんなが駆けつけられるように、三ルートに分けた緊急電話網もつくった。

しかし一番に私に電話を、と念を押した。「体を張れ」と指示した張本人が真っ先駆けずして何としょうぞ。三十三歳の若造弁護士が言い出した、法律家にあるまじき作戦にもかかわらず、市場の人たちはこれに賭け、緊急連絡の訓練なども始めた。身に余るこの信頼に何としても応えねば。

「現場に急行したらな、今度は女の出番や。亭主は一歩引き、おかみさんたちが座り込む

ええか，これから言うこと，よう聞いてや

んや」。いきり立った亭主たちと、気性が荒い人もまじる建設作業員たちが面と向き合ったら、一触即発だ。威力業務妨害などで逮捕者が出たりしたら、零細業者の小さな集まりに過ぎない当方の打撃は、計り知れない。こちらをつぶす「錦の御旗」を、向こうに進呈することにもなる。

それに、普通は後ろにかばわれる者たちが前面に身をさらすことは、これが私たちの総力をあげた背水の闘いだと、敵味方の双方に、覚悟を鮮明に示すことになる。

❖

こうした備えをした上で、一九六二年の十月十五日、国鉄に、工事を強行するなら協力はできない、と「最後通告」の文書を送った。こちらが攻め込むわけではないけれども。

そして打ち合わせどおり、亭主たちが毎日二、三人ずつ、閉店後の市場の前で焚き火をしつつ張り番を始めた。国鉄も、もう猶予はできないはずだ。こちらの必死の思いを知って姿勢を和らげることに一縷《いちる》の望みをつなぎつつ、強行着工を警戒して、一日、一日、一日、一日……。

十日後の十月二十五日、夜十時を回っていたか。我が家の電話が鳴った。

泣き声

子をおぶった母らに、追い越され

「強行着工してきよりました」

そう告げる緊急電話の声は、この時あるを覚悟してきたためか沈着だった。「ほな、出動やな」「皆が次々、現場に向こうてます」

私は家を飛び出した。小売市場までタクシーで三十分。「真っ先にオレに電話をと言うておいたのに。みんな頑張れ、無事でいてくれ」。そう念じつつ、運転手をせき立てて夜の京の街を突っ走った。

❖

行く手に黒々と東海道線のガードが見えてきた。その向こうから上方の闇《やみ》に向け、明々と光が差している。ガードをくぐると、その光の場所がまさに小売市場前の、新幹線建設現場だった。工事用ライトに煌々《こうこう》と、ショベルカーやクレーン、トラックが浮かび上がっている。

数十人の人だかりを、パトカーの赤色灯がなめて回る。

タクシーを乗りつけてドアを開けたとたん、「あんたら、何すんねん」「工事やめて」と、おかみさんたちが口々に抗議する叫びが耳に飛び込んできた。だが、それを上回るけたたましさで、「お母ちゃん、お母ちゃーん」「いやあ、はよ帰ろう」と泣き叫ぶ、子どもたちの悲痛な声が耳を突き刺した。

「何やこれは」。私は車から駆け出した。人垣を分けて前に出ると、予想もしない光景がそこにあった。

ショベルカーの大きな鉄のシャベルの真下、掘りかけの穴の中に、既におかみさんたちが十人ほどか、座り込んでおり、そこに後から到着したおかみさんたちが次々、走り込んで行く。その何人かが、ねんねこにくるんだ幼子をおぶい、子の手を引いているではないか。

夜中に突然起こされ、京の秋の冷たい夜気の中を、異常な緊張のただ中に連れ出された子たちは、おびえ、混乱して泣いている。その子らを母たちは、あやすでもなく、なだめるでもない。露ほどのためらいも見せず、共に穴に下りて行く。私にはまるで、ドーン、ドーンと、飛び込むような勢いに見えた。

市場の夫婦たちは、家に残しておけない子も連れて、文字どおり一家あげて体当たりしてきたのだ。凄愴《せいそう》とは、このような様を言うのか。「大変なことをさせてしまった」と、血の気が引いた。

亭主たちは、もちろん妻子だけを行かせたのではない。あらかじめ私が「現場では男たちは一歩引け」と指示していたのに従い、周りを取り巻いてはいるが、気持ちは一緒に座っている。もし作業員たちが妻や子に手を出せば、自分がされた時の比ではない形相で突撃するだろう。

しかし、この場のあまりの異様さに、作業員たちはそれ以上、何もしようとしなかった。怒鳴りさえもせず、立ち尽くしていた。

◈

正直言って私は、現場に着いてから自分が何をどうしていたのか、記憶が定かではない。子らの泣き声を耳にした瞬間から完全に我を失い、後は右往左往していたようだ。

普通ならかばわれる者たちを前に立てて、背水の闘いや――ご立派なことを言ったものだが、私が描いた絵空事の、これが現実の姿だった。

学歴も地位もなく、貧しい市場の人たちが、大きな相手を向こうにひるまず闘い、びびる弁護士を追い越していく瞬間だった。

封印

工事止めるも、高揚はなく

結局、作業員たちはそれ以上何もせず、一時間足らずで引き揚げて行った。翌日以降も姿を見せず、工事は止まった。やはり国鉄側にとっても、「ここまでやるのか」と衝撃だったのだ。

しかしあの晩、我々にも勝利の高揚はなかった。「とうとうやった」と充実感はあったものの、何といっても非力な身で実力行使という非常手段に踏み切ったのだ。極度の緊張が去るのと入れ替わりに、これがどんな反応となって降りかかってくるのか、不安が黒雲のように広がっていった。私たちは気勢をあげるでもなく、早々に解散した。

❖

この夜のことが、新聞に小さく載った。あの現場に新聞記者たちも駆けつけていたのだ。私たちにとって、新幹線の工事を止めるのは手段であり、目的は、この小さな小売市場が追い込まれている理不尽な状況を、社会に気づいてもらうことだった。ならば私は、ここぞと記者たちに事の経緯を説明すべきだった。しかし、未熟にも「世間に訴える」と抽象的に言っていただけで、具体的にどうするかまで頭が回っていなかった。その上、子らが泣き叫ぶ声に肝をつぶしていた私の目に、記者たちの姿は全く入っていなかった。

そのせいで記事は、新幹線の建設で小売市場の補償がもめ、出店業者らが座り込んで工事を止めた、というあの場の事実だけ。背景の説明はなく、読みようによっては、ゴネ得が目当ての暴挙のようにさえとれる。事実、あの翌日から、市場の人たちは買い物客らに「あんたら、なんであんなことしたんや」「どないなってるの」などと聞かれるようになり、その口調は必ずしも温かいものではなかった。

必死の思いで工事は止めたが、その目的は果たせず、かえって市場の人たちの立場を苦しくする結果になってしまった。

「このつぎ国鉄が工事に来た時こそ」、とは思えなかった。私はあの晩、家に帰って行く市場の家族たちを見やりながら、重い胸の内で、作戦の継続を断念していた。この子らを再び同じ目にあわせることは、とてもできなかった。

もうこれしか道はない、と思えばこそ実力行使に出ただけに、それを封印すると、私は手詰まりに陥ってしまった。「それでも一応、工事止めたんやから、あれで国鉄は妥協してこんやろか」と甲斐《かい》のない期待もしてみたり。

だが、あの晩、浮足立つ弁護士を追い越していった市場の人たちは、停滞していなかった。「買い物のお客さんらに説明せなあかん。今度はチラシ配って訴えようや」と、自分らで次の手を決めた。売り出しの宣伝でチラシ作りはお手のもの。さっそく文案を練り、喫茶店の奥まった席に私を呼んだ。

そこで示された文案は、しかし、家主があちこちの料亭でたびたび国鉄職員に飲み食いさせている、という癒着批判の部分があまりに具体的に書かれ、名誉棄損に問われそうだ。たとえ事実であっても、それを不特定多数に知らせるなど、「公然」のものとすることで人の名誉を失わせれば、罪に問われる。そのようなやり方を、法は正当とは認めていないのだ。

私は鉛筆で、文案の問題の部分を削ったり、抽象的な表現に抑えたりしていった。しかし彼らは「先生、これでは迫力がおまへん」と、かなり元に戻した代案を示す。そんなことを二度、三度繰り返し、私もほかに手がないだけに「まあ……ええか」とOKを出した。

この見通しが甘かった。

脅し　警察署長による和解、拒めば……

小売市場の人たちが、窮状を訴えるチラシを買い物客らに配り始めたのは、新幹線の工事を止めた晩から十日ほど後だった。

ところが、まだほんの二、三日目、地元の警察署から、市場側の中心メンバー六人に出頭の呼び出しがかかった。「名誉棄損」容疑。何とかセーフ、という私の見通しは吹っ飛び、警察は家主の訴えを直ちに取り上げて捜査に着手したのだ。署からの通告は、さらに私たちを驚かせる内容を含んでいた。

署長が家主との和解を斡旋《あっせん》しよう、しかし、市場側がその席に着くのを拒めば……。その通告を直接耳にした市場の人たちは一様に、拒めば出頭したところを逮捕、というプレッシャーを受けていた。

❖

刑事告訴された者たちに、警察署長が穏便にすむ道を用意してやろうというのは、一見、庇護《ひご》のように見える。しかし、そもそもこの問題は、不動産の強制収用では補償は関係者ごとに個別にしなければならない、とする法に準拠すべきなのに、国鉄と家主の間だけで話をつけてしまったことから生じている。市場の人たちは国鉄に対して、頭越しでなく、立ち退く自分たちと交渉してほしいと思えばこそ、新幹線の工事を止めたのだ。身を挺《てい》したその行動の前に、今度は警察が立ちはだかり、あくまで家主と店子の揉《も》め事のレベルに落として処理しようというのか。

中立であるべき警察がこんな形で介入してくるとは。実力行使までした我々が目障りだったか、それとも、私が家主の背後に感じていた政治力が及んだのか。

二十ばかりの零細な店の集まりにとって、中心的な店主六人もの逮捕は、壊滅的な打撃も覚悟しなければならない。それに、逮捕者個人が受ける社会的ダメージ、大黒柱を勾留《こうりゅう》される家庭の困難。「和解か、さもなくば」、それは彼らの喉元《のどもと》に突きつけられた脅しだった。

❖

出頭期限は目前だった。退《ひ》くか、仲間の逮捕を踏み越えても進むか。最終決定のために、最後の晩、市場のみんなが集まった。我が家の隣の旅館に、襖《ふすま》を取り払った二間続きの会場が用意され、店主、おかみさん、店によってはその親も、これまでで一番多い四十人ほどが顔をそろえた。

集会の始まりを待つ重い空気の中で、私は身の細る思いだった。この人たちに、あのような悽愴《せいそう》な実力行使までさせながら、私が肝心の「社会に訴える」ことをしくじったために、かえって地域の冷たい視線を招く結果になった。さらに、それをカバーしようと市場の人たちがチラシ配布を思い立ったのに、私が最終的にＯＫを出したその内容で、今度こそ絶体絶命の危機を招いてしまった。

今夜は、どんなきつい批判、叱責《しっせき》を浴びても足りない。逮捕されるのは彼らなのだ。

芸当

奥さんが「あんた、行っといで」と

集会の始まりが告げられると同時に、私は立ち上がった。

「弁護士がついていながら、今日の事態を招き、誠に申し訳ありません」。深く頭を下げると、それをさえぎるように、自治会長の上崎さんが口を開いた。

「実力行使を、私らはあんたに言われたからやったんやないで」。温かい、しかし「見くびるな」とも聞こえる、凛《りん》としたもの言いだった。

「新幹線の工事を法的に止めるのは、そら難しかろうなと、素人の私らかて内心覚悟してました。だから、あんたがやっぱり無理やと言わはったとき、納得ずくで「体で止めるしか道はない」と、最後は自分らが決めたんや。実際、あのまま日々工事が進んでおったら、みんなこうして頑張り続けられなんだやろ」

「チラシかて、あんたはこれでは危ないと、いったんは止めはった。それでも是非にと、自分らが押したんや」

出頭を求められている筆頭「容疑者」は、有無を言わせぬ口調だった。私は責められても当然のところを、かばわれていた。仲間と認めてくれればこそ。かたじけなかった。

けれど、頼られるべき弁護士が逆に守られるようでは、もう出る幕はない。

◆

会合は本題に入った。

警察署長による和解となれば、家主が示していた涙金に上積みはあろう。だが、立ち退く当事者である市場の人たちと国鉄とが直接話す、交渉本来の形は依然として認められない。そのことから推しても、正当な補償とはかけ離れたものになるだろう。

しかし、それを拒んで六人逮捕という事態は、市場にとっても、逮捕される当人にも、あまりに重い。それで市場側が崩壊してしまえば、実力行使も何も無に帰し、上積みどころか逮捕歴だけが残る。

上崎さんは「むろん、事は出頭する私らだけの問題やない。皆で決めるんや」と、一同を見回した。

その後の時間を、私はどれだけ長く感じたことか。実際は二、三分だったのだろうが、うつむいたままの人、天井をあおぐ人、目をつぶる人、飲むでもなく茶を口元に運ぶ人。そして、誰もが押し黙っている。

◆

重苦しくて、どうなってしまうのかと、そこに座り続けている苦痛にこれ以上耐えられない、と思った時、魚屋の太ったおばさんが手を挙げた。この人のご亭主も出頭組だ。

「先生、逮捕されたらどれくらい留置場に入ります?」

あまり確信もなかったが「一週間か十日ほどやろか」と答えると、「それくらいやったら、ウチの人は入れてもろうた方がええわ。このごろ女遊びして怪《け》しからんさかい、このさい隔離して、頭冷やしてもろたらよろしいわ」。

へえっ、と私の目はおばさんに吸い着けられた。

「ブタ箱に入る」と、本人が言うのと違いまっせ。隣で頭かいてる亭主と一言の相談もするではなく、奥さんが勝手に「行っといで」と。いったい、どういう夫婦や。この信頼、そして、当人でなく妻の口から言うという深い知恵。それもトンチンカンな理屈つけて。こんな絆《きずな》で結ばれた夫婦に、はるか昔は知らず、女関係の修羅があるわけがない。それもこれも、後に残る仲間たちに、少しでも心の負担を感じさせまいとする篤《あつ》い思いやりだ。どうしてこんな芸当ができるのか。

ともどもに稼業の魚の匂いがしみ込んだ、そんな夫婦やからこそ。ほんとの庶民のこんな心根を、やり手事業家の家主、国鉄の官僚たち、あんたらナメておったな。

男一匹

アサッテの理屈と、ムチの音と

魚屋のおばさんが「ウチの人は女遊びして怪《け》しからんさかい……」と言い出した時、それまでの重苦しい沈黙に笑いのさざ波が立った。が、それはすぐに止《や》んだ。冗談めかした理屈も、その妻にとっさに合わせて亭主が頭をかいてるのも、後に残る自分たちを思いやっての演技と、みんな察している。

沈黙が戻った。だが、魚屋のおばさんは、やはり何かを打ち破っていた。あれは何屋のおじさんだったか、すぐに続いて立った。「ワシもな、戦争でずいぶん酷《むご》いことしてしもうて、いつかバチを受けにゃと思うとった。行って来るわ」

これもアサッテの理屈だ。自分は自分の都合で留置場へ行くと。さらに一人、二人と続き、やはり自分らのことにかまうなと、闘いの継続へ皆の決心を促した。

だからと言うて、そんならと、一息に結論を出せることではなかった。

「上崎さんのことも、考えなあかんのやないか。ワシらとは立場が違うのやで」と、誰かが言った。上崎さんは、この小売市場で別格だった。一、二坪の店が多い中で四、五坪の青果店を持ち、そこは主に店員に任せて、別の場所で小売市場そのものを営んでいた。そして、京都市内の小売市場の連合会会長も務めていた。つまり、ほかのメンバーより裕福で、社会的な立場もあり、逮捕で失うものは大きかったのだ。

この発言は、上崎さんのことをおもんばかって、という形をとってはいるが、そう単純ではなかったな。

強い人間ばかりが選ばれて市場の仲間になっていたわけではない。相手方は強大であり、和解を拒んで幹部六人が逮捕され、そして次は……と考えたとき、突っ込んで行くことへの不安に胸をふさがれ、けれど「自分はそっちへは行きとうない」とは言い出せず、上崎さんのことに事寄せたんやね。

キツく言うたら「おためごかし」なんやけど、程度の差はあれ、躊躇《ちゅうちょ》や迷いがあったのはこの人だけやない。小さな揺らぎが波紋を描いて広がりかけたこの時、間髪入れずに上崎さんが立ち上がった。

「なんの、オレかて元は一介の市電の運転手、男一匹、地位や立場がナンボのもんじゃい」

遅れそうな群れの後ろで、ピシリ、地を打つムチの響きのようやった。群れの崩れこそ相手方の狙い目。自分が一番大きなものを投げ出して、上崎さんは改めて皆の覚悟を問うていたな。あれで決まりやった。

❖

あの場の誰も、この先どうなるか読めず、突破への確信も持てなかった。しかし、ここで不当な和解に下るわけにはいかん、という意気地《いきじ》の中にすべて呑《の》み込んで、「ワシらが居なくなった後のこと、しっかり頼むで」と、上崎さんが締めくくった。

一座の空気は粛然として、決して愁嘆場ではなかった。残る者たちが出頭する六人に「皆のために、すまん」と言葉をかけるでもない。涙もなく、手をとるでもない。

捜査機関との対峙《たいじ》という未知のことを控えて緊張が張り詰め、情緒的になったり涙腺《るいせん》を緩めたりできんのや。けど、みんな心の中で、六人に向かって手を合わせておったな。

翌朝、彼らは出頭して行った。

「特例」検事の顔が、猟犬のそれに

六人が警察に出頭したその日。

意気消沈していた私に、夕方になって出頭組の一人から電話があった。「今日は皆、家に帰されました。明日も来いということで」

彼らは警察に、署長による和解は断る旨を伝え、そして、聴かれたことには事実のままを答えていると言う。

次の日も、帰された。そしてその次の日も——。もしかして、警察は逮捕できないのか。考えてみれば、今さら証拠のチラシの隠滅もできず、「立ち退けん」と頑張ってきた市場の人たちに、逃亡の恐れというのも非現実的で、逮捕には無理があるケースだ。だが警察は、その威嚇だけで十分とタカをくっていたのではないか。

よもや、市場側が和解を拒み、六人が一人の脱落もなくガン首そろえて出頭して来ようとは、露ほども予想しなかったのだろう。

◈

ところが、胸をなで下ろしたとたん、今度は私が京都地検に呼び出された。「容疑者」たちではなく、私が。チラシを配り始めてわずか二週間ばかりで、警察はもう送検したのだろうか。私はまだこの件の弁護人として届け出ていないから、当事者として呼ばれたことになる。検察の姿勢は、警察とは明らかに違う。

私は弁護士の身で実力行使を言い出し、自ら加わり、チラシも事前に内容を知った上でOKを出した。同じ法曹人として、検事から激しい指弾を浴びるのか。

これで自分も「犯罪人」か……。白州に引き出される思いで検事室に入った。

担当の検事は私より六、七歳上の四十歳くらいで、意外に穏やかな表情で口を開いた。

「チラシに、家主が料亭で国鉄職員に飲み食いさせてる、と書いとるけど、それがホンマなら贈収賄の可能性もあるわな」

「そうなんです。癒着しておるんですよ」

「国鉄の事業は公共の事柄やろ。それに絡んだ贈収賄の疑いを明るみに出すっちゅうことは、このチラシを配った行為には公益性があることになる。違うか」

何やら、法曹界の先輩が、後輩の新米弁護士を口頭試問で揉《も》んでやってる、というふうになってきた。

◆

「ところで、名誉棄損罪には「特例」の項があったな」

「ええ。公共の利害に関することを公益目的で明るみに出した場合、それが真実ならば罰しない……」。あっ、と息をのんだ。

この件の筋を整理した上で着目すべき条文の急所に導かれ、ようやく私の頭は回り始めた。

「ただし」と検事は続けた。「その真実証明は、あんた方がせなあかんのやで。警察の調べで「特例」を主張せんかったのは、結局、癒着、癒着と言うてるだけで、証明ができんのやないか」

私はせき込んで答えた。「できる、証明できます。市場の人たちが交代で家主の跡つけて、いつ、国鉄の誰と、どこの料亭に入ったか、ノートにつけてあるさかい」

「おい、そりゃホンマか」

検事の顔が、猟犬のそれへと一変した。

素人探偵

尾行当番が、料亭に張り込み

「そのノート、すぐ持って来て」。検事にせかされ、一目散に市場へタクシーを走らせた。「何で今の今まで、名誉棄損の「特例」に気づかなんだ、このアホ弁護士め」と、自分が情けないやら、うれしいやら。二カ月余りにわたって市場の人たちが汗を流してきた「素人探偵」の成果を、どこでどう生かせるのか、これまで見当をつけられずにいた。

◈

それは、まだ残暑厳しかった九月のこと。

国鉄が、実は一年以上前に、当時で億を超える金を家主に支払い済みだったことがわかり、市場に怒りが高まる中で、「家主は国鉄の職員たちとたびたび宴会して、抱き込んでる」「そうや、飲み食いさせて癒着しとるで」と憤慨する声が飛び交った。

市場の人たちは、交渉のためにたびたび大阪の新幹線工事局に足を運んでいたから、担当の職員たちを見知っている。その職員が市場の上階にある家主の事務所に出入りし、家主と街に繰り出して行けば、それと察せられるのだ。

それを耳にして私は、「想像まじりに批判したって、そんなんは相手かて痛くもかゆくもない。行き先まで確かめて、日時や人名と一緒に記録しとかなんだら、証拠にならんで」と突っ込んだ。すると、市場の人たちは直ちにこれに応えた。

店の亭主らはたいてい、仕事にオートバイを使っている。彼らで日々の尾行当番を決めた。上階の事務所などのための出入り口はビルの脇にあり、そこに近い店が見張りを担当した。夕方に家主が外出すると、すぐに見張り役が尾行当番に伝える。市場には家主直営の店もあったから、そこの店員らに気づかれないように合図し、オートバイもさりげなく出動しなくてはならない。

夕方は市場の稼ぎ時。尾行当番の店の留守番は近くの店が引き受け、魚屋の代わりに乾物屋の亭主が、いささか心もとない包丁さばきでお造りをつくる、といった具合だった。お客さんたちも、さぞいぶかしかったことだろう。

尾行当番は、首尾よく行き先を突き止めたら、そこで家主が誰と会ったか確かめたり、終わりの時間を知るために、お開きになって彼らが一緒に店を出て来るまで見張らねばならない。自分の店は心配、腹は減る、虫には食われる、目の前の料亭の中で連中はお楽しみ……誠に忍耐のいる務めだった。

それを、新幹線工事の強行を警戒する夜の張り番を交代で続け、ついには実力行使に踏み切ったあの渦中でも、彼らは営々と続けてきたのだ。

◈

「残念、見失った」
「無関係の行き先だった」
「接待の相手に見覚えなし」
「今日は出かけず」
……

薄汚れたノートには、二カ月余りの記録が日々、切れ目なく並んでいた。ほとんどが追跡失敗か空振りの中に三、四件だけ、市場の割と近くや、円山公園付近の料亭で、何日の何時から何時、国鉄側の顔ぶれは誰と誰、と特定に成功したケースが刻まれている。

ページからページへ、険しい視線を走らせていた検事の目が、こちらを見た。

よう癒着のシッポつかんだなあ＝元・丸和百貨の人たちと

鈍行列車　「ノート」の威力、形勢逆転

「ようも、ここまでやらはった。後はこっちで調べるさかい」。尾行ノートを手にそう言って、検事は私を帰した。

この一九六二年秋、新幹線の用地買収に絡んで東京、横浜、大阪にまたがり、汚職の摘発が進行中だった。新幹線の建設では前年にも、また翌年にも、業者への便宜供与などをめぐって捜査のメスが入った。この巨大事業にたかろうとするムシが、国鉄の内外にうごめいていた。広域プロジェクトだけに、あるところに調べが入ると、糸がたぐられて別のところで火を噴く、ということもあり、各捜査機関は、端緒をつかむ機会を眈々《たんたん》と狙っていた。

❖

あの小売市場の件で、検察は国鉄に対して一枚のカードを握った。それが、以後の汚職捜査に役立つことがあったか、なかったか、私にはわからない。検察からは以後、そのことについて何の説明もなかった。逆に、市場の人たちへの聴取も起訴も一切なかった。

検察が、手中のカードを国鉄・家主側に示したことは疑いない。私が検事に呼ばれて十日ばかりで、市場の人たちがあれだけ奮戦しながら一歩一歩追い詰められてきた情勢が、突如、逆転したからだ。にわかに家主側が、今後は市場の店が国鉄と直接交渉するのを妨げない、と宣言した。国鉄も、誠意をもって交渉に応じる、と言ってきた。

ようやく直接の補償交渉が始まると、国鉄の譲歩は驚くほどで、腫れ物に触るような扱いだった。検察に手を突っ込まれるのは、何としても避けたかったのだろう。私たちが嗅いだ腐臭の向こうに、当時の国鉄に巣くった暗部の気配がしたように思うが、錯覚だったろうか。

ともかくも、市場の人たちは、ようやく手にできた補償金で代わりの店舗を求めるなどして散って行き、六三年二月、こうして小売市場「丸和百貨」は幕を閉じた。

◈

そして、春。

私は勇んで集合場所の京都駅に向かった。ひとまず身を落ち着けた元・市場の人たちに誘われて、いざ慰安旅行へ。

駅に着いてみたら、列車は特急でも急行でもなく、なんと鈍行。行き先は、はるか石川県の山中温泉でっせ。

案内された車両に乗り込むと、客室の入り口に、もう目にすることはないと思っていた「丸和百貨」の旗が、暖簾《のれん》みたいに架けてある。ご丁寧に前後の入り口ともだ。それで皆がガヤガヤ乗っとんのやから、ほかのお客さんはギョッとして、誰も乗って来まへんがな。指定席でもないのに実質一両貸し切りで出発や。

そして、みんなが我が店の売りモンを持ち寄ってる。お酒飲んで、スルメ裂いて、てんぷらに箸を伸ばし、お菓子つまんでミカンむいて、お手ふき用にチリ紙の束まで。国鉄や家主とケンカしとるときもそうやったけど、毎度まいど用意周到な方々や。

歌は出るわ、八百屋のおかみさんが乾物屋の若い店員と、狭い通路で器用にダンスして喝采《かっさい》浴びるわ。何せ鈍行だから、肝心の目的地に着く前に、もうみんなへベレケ。

庶民に宿るこの明るさ、このバイタリティーあってこそ、ショベルカーの下に身を投じ、逮捕覚悟で警察に出頭し、泥臭い素人探偵もやり、彼らは瀬戸際の日々を共どもにくぐって来られたんやねえ。

多少酒の香を振りまきながら、列車は北陸の春の陽光の中に溶け込んで行った。各駅停車でな。

あんときの旅は，ホンマ楽しかったなあ

十年目　最後の場は、あの旅館の部屋に

東海道新幹線の「のぞみ」や「ひかり」が京都駅から大阪に向けて滑り出すと、一分もたたないうちに近鉄線のガードをまたぐ。そこは、堀川通を南に下がった八条通との交差点。この一角に、小売市場「丸和百貨」が、かつてあった。それは約四十年前に姿を消し、新幹線が走り始めて、事件は遠く過ぎ去った。だが実は、私にとっては終わらなかったのだ。忘れがたい出来事が、市場の閉鎖から十年後に起きる。

❖

「同じ釜の飯」どころではない市場の人たちの絆《きずな》は太く、あの山中温泉への旅の後も、年一度、旅行は続いた。南紀白浜、鷲羽山(倉敷)、伊良湖岬(渥美半島)……いろんなところに行った。そして、宴たけなわとなれば、思い出話に花が咲いた。強行着工の警戒当番、工事の実力阻止、家主の追跡劇など、失敗談や手柄話とりまぜて、懐かしそうに振り返るのだった。

ただ、私にとって怪訝《けげん》なことに、警察への出頭前夜、あの旅館での会合に誰も触れようとしない。六人の仲間の逮捕を覚悟してでも闘い続けるか、屈するか、あの晩こそ剣ヶ峰だったはず。それがわからん人たちとは思えんのだが。私は、寂しいような思いを、一人胸の内に押し込めた。

補償金の一部をプールしての旅は七年、八年と続いたが、そろそろ資金の底が見え、仲間に亡くなる人も出始めて、十年をもって区切りとすることになった。

さあ、あの愉快な人たちのこと、最後はパアッとどこにするのか。高度成長で仲間の暮らしもそれなりに豊かになっていたから、海外旅行とは言わんまでもなあ、と楽しみにしていたら、その年の幹事さんから電話があった。

「お宅の隣にあったあの旅館、十年前の部屋は今も残ってますか」。「残っとるけども……」と、何の関係があるのかいぶかりつつ返事すると、「最後はあそこでやります」と。

あの一夜を、市場の人たちがどれほど「宝」と抱いてきたか、わかってなかったのはワシの方やないか。

宝なればこそ、手を触れることなく、胸の奥に秘めてきたんやねえ。最後はどこも行かんと、あそこに戻《も》んのやて。

◈

十年一昔と言う。これほど固く結び合ってきた仲間の上にも、別れの時は巡ってきた。

当日は四十人以上が顔をそろえた。これまで暮らしに追われて参加できなかった人や、皆とは初対面の、店主の家族たちの姿もあった。この日を待たずに亡くなってしまった人の息子も、「親父が、「大事な会や。お前にとってもええ会やから、オレに代わって出とけ」と言い残しまして」と座に連なっていた。

幹事さんがあいさつに立った。「なぜ我々の最後の場がここなのか、訳は皆さん、おわかりでしょう」と一同を見回した。そしてその目を、あの魚屋のおばさんのところで止め、「大吉《だいき》っつぁんの奥さん、アンタ、あん時よう言うてくれたな」と声をかけた。「ほんまや、恩に着るで」と誰かが続けた。

あの晩も、実力行使の時にも、ついぞ涙を見せなかった彼らの目が、今は潤んでいる。その光景に私もたまらなくなり、立ち上がった。「弁護士には守秘義務があるんやけど、十年がたち、〝時効〟ということもあるさかい。実は、自治会長の上崎さんが受けた補償は、皆さんの中で最低でした」

座は静まり返った。

おやっさん

「引っ張る役が大きく取っては……」

いったい何があった——上崎さんの受けた補償が最低だったと聞いて、皆がそう思ったのは当然だ。上崎さんの青果店はほかの店舗よりだいぶ大きく、本来なら飛び抜けて高額の補償を受けてしかるべきなのだ。

私はいきさつを話し始めた。

十年前、国鉄がようやく市場の人たちとの交渉に応じたとき、上崎さんは皆に、「今後は、それぞれの店が個別に弁護士さんを通し、国鉄と話をしてください」と告げた。ここまで一団となって進んで来たのに、と私が腑《ふ》に落ちない思いでいると、上崎さんは「先生、私の交渉の順番は最後にしといてな」と、これもよう分からんことを口にした。

❖

実際に交渉が始まってみて私が知ったのは、「請求書から人間が見える」ということ。

普段は見えないところも、割と率直にそこに映る。その姿は実にいろいろで、請求の仕方にずいぶん開きがある。中には、「ようも故なくして、ひどい目にあわせてくれよったな」とばかりに、チャッカリ慰謝料も上乗せみたいな請求をなさる方も。大きな相手を向こうに、必死、一丸となってぶつかっていた時とは、また違った様相を目にすることになった。

皆の交渉がひと通りすんで上崎さんの番になると、上崎さんは「いかがでしたか」と笑って私を見た。お見通しだったんやね。

そして、「私の請求額は、皆のうちで最低だった人と同じにしとくれやす」と言うのだ。私は驚いて、「あんたの店は大きいんだし、青色申告しとるんだから、それに基づいて正々堂々と請求したらええ」と説得した。

だが、上崎さんは所得申告の資料を渡そうとせず、「中坊はん、あんた、まだお分かりでない」と、私を一蹴《いっしゅう》した。「皆にあわせい、こうせいとキツいことも言い、シンドイ目もさせてきて、皆より大きなものを得るわけにはいかんて」

「そやけど、弁護士には守秘義務もあり、ワシ、あんたの補償額も、ほかの誰のも、口外はせんで。当然のことは当然のこととして受けておかんと、後に悔いを残さんやろか」

「交渉ごとは相手のあることでもあり、どこから漏れるか、人の口に戸は立てられず。皆を引っ張る役目の者《もん》は、個人的な利のためやないっちゅうことに、毛の先ほどの疑いも招いてはやれんもんや」

そこにはまた、切実に移転資金を求める人のため、自分の分を削っておく気遣いもにじんでいた。

◈

私が顚末《てんまつ》を語り終えるや、上崎さんの近くにいた数人が、上崎さんの手を取り、その肩をつかんだ。「おやっさん、そこまで皆のこと考えてくれてたんか」。居並ぶ人たちも「おっちゃん、おっちゃん」と言うて、アンアン泣きよるねん。

市井の片隅の二十家族ばかりを率いる、ちっさなリーダーでっせ。それでもこれほどの倫理観をもって自ら律し、その務めを担っておったんや。

政治家や高位高官の方々、どうかお考えいただきたい。この構えあってこそ人は信を置き、人は動く。曇りなく結集された力が困難に立ち向かうときの勁《つよ》さ。つぶさに体験した私は、それが信じられる。

三重苦

娘に教わった「モテないワケ」

娘が中学に入ったばかりのある日、帰宅するなり「お父ちゃん、女の子にモテない三大原因、知ってる?」と聞いてきた。「ケチとか、威張りんぼか」と言うと、「ちゃう。チビ、デブ、ハゲなんやて。お父ちゃんは三つともそろってるなあ」とニコニコ。

確かに私は、身長一六〇センチでずんぐり、髪もすでにかなり後退していた。だがあの時は、娘の言葉にグサッとくるより、父親をからかう年になったかと、そのことの方がうれしかった。そしてこれをネタに、スピーチの枕で「私、三重苦でありまして」とやったりするようにもなった。

だが、一つでも該当の方はおわかりだろうが、なかなか哀しいもんでっせ。私とて、決して初めから、自分の容姿の「問題」をちゃかす余裕を持っていたわけではない。娘にからかわれながら、私は十年前、あの小売市場の自治会長、上崎さんと一献傾けた冬の夜を思い浮かべていた。

❖

市場の人たちの闘いが大逆転で山を越えた後のある日、上崎さんは私を京都の花街、宮川町で慰労してくれた。芸妓《げいこ》さんを呼んでの酒宴など生まれて初めてで、「へえー、お茶屋遊びってこうしてするんか」と目を見張っていた。

すると上崎さんがひょっと、「あんた頭ハゲて、女子《おなご》にモテんで、これまでずいぶん気にも病んだでしょう」と聞くのだ。何をこの人は突然、と思いつつも「あかんのですわ」と頭に手をやると、上崎さんはこう言ったものだ。

「確かにこういう場では、あきませんでしょう。けどその代わり、おウチにお帰りになって玄関の戸を開けたとき、奥さんに、何後ろ暗いところなく元気よう「ただいまっ」と言えまっせ。ハゲてるっちゅうのは中坊はん、そういうことです」

1962年，長女を連れて初めて行った家族旅行(米子・皆生温泉)で

なるほどねえ。その見方があったか。そう言うご当人が、五十歳ちょいでヤカンみたいに完成し

たハゲやったから、私としても異存なく、心が放たれたように愉快に笑った宵だった。

人の世に、苦のタネは浜の真砂《まさご》の数ほどある。たかがハゲでも、二十四時間、一生ついて回るから、折々気にしていれば、人の気持ちをくすませる。

けど、「マイナス」の事柄は、本当にのっぺりマイナス一辺倒なんやろうか。誰しも「これさえ無ければ自分は……」ということはある。だが時には、そうしたことに自分の足元が守られていることさえ、あるんではないか。

人生っちゅうのはそういう不思議な道を行くことやと、おやっさん、ワシ、急所を教えてもろうたな。

こういう肝心なことは、およそ学校の教科書には書いてない。そもそもあの小売市場の人たちは、小学校しか出ていない。実人生をひたむきに生きている人たちの、肌身についた賢さ。上崎さんはじめ、すでに多くが世を去ったあの人たちに、私はどれだけ学んだことか。

❖

ところで、私の体重は当時まだ発展途上で、この五、六年後に最盛期がやってくる。大阪の町工場の再建で、現場主義という自分にピッタリの仕事のやり方を発見し、小売市場の件で人間を知り、ほかの幾つかの事件にも鍛えられて、いつか私は「なかなか腕の立つ弁護

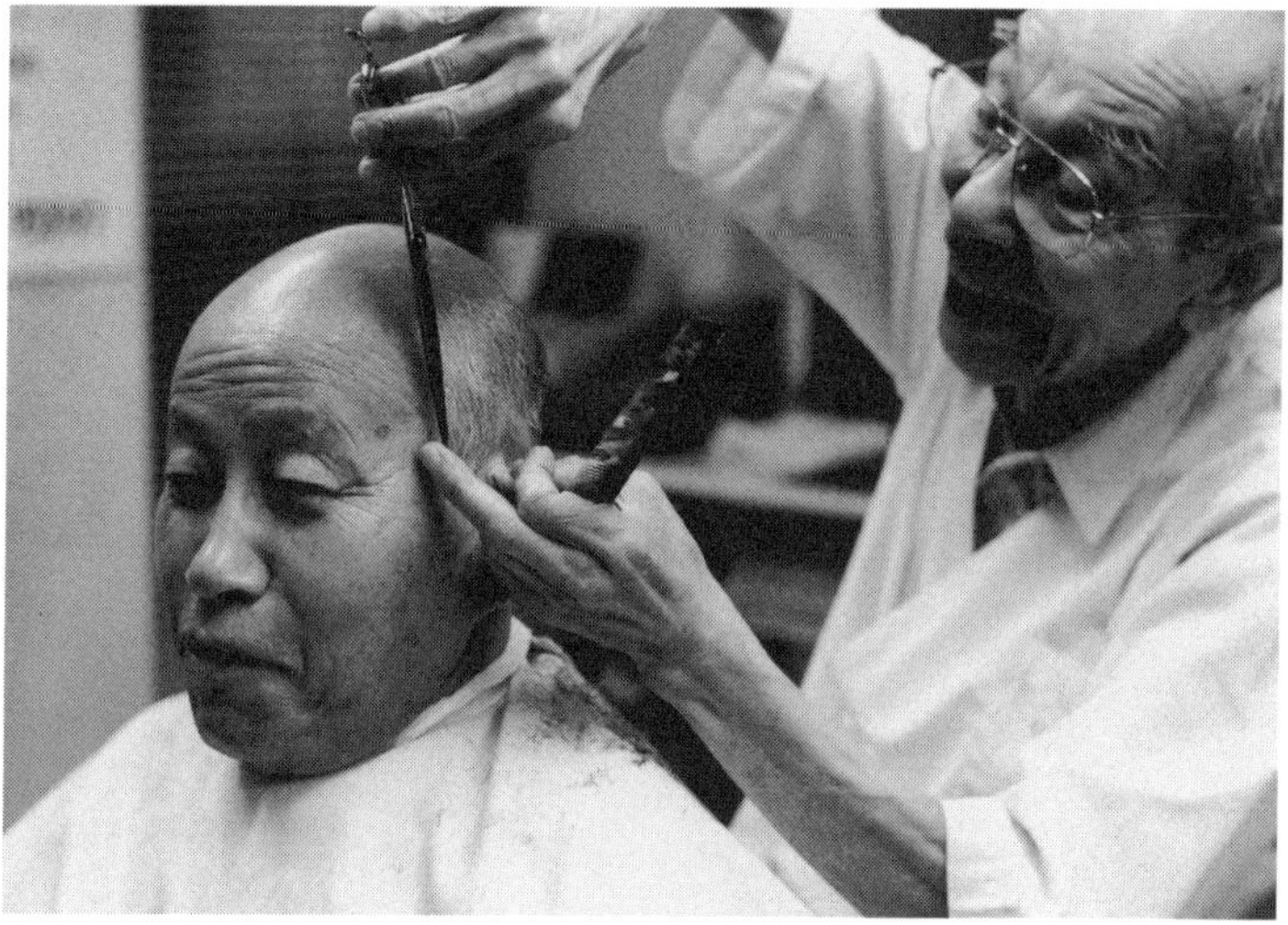

この頭や，マケてえな

士」ということになっていった。

仕事が次々に舞い込んで裕福になり、会食、宴席も増え、体重は八四キロに。私の人生の「バブル」がやってきた。

第五章

夢みたい

張り切りぶりに、目をつけられ

東海道新幹線が開通した一九六四年、三十五歳になった私は、増え続ける仕事に対応するため事務所に若い弁護士を抱えた。五年前には父に「弁護士として独立するのは無理やった」と泣き言を言っていたのに、今度は後輩を育てる役目も負ったわけだ。若手弁護士は七三年までに三人になった。

事務所に響く私の怒声は大阪の弁護士仲間で有名になったが、叱ってばかりでもない。例えば「買い物コンテスト」。事務所の誰かに二千円ほど渡し、「皆に感謝されるモンを制限時間内に買っといで」と送り出す。

当人は、暑さ・寒さ、皆の好物や苦手、仕事の事情などに頭をひねり、菓子や果物、文房具などを買って来る。それを皆で講評しつつ、食べ物は平らげる、という趣向だ。私も時に買い物役になり、皆で一緒に楽しんだ。と同時に、若い弁護士には、「先生」と呼ばれる立場になっても市井の物の値段に通じていて欲しかったし、事務員も含め、人を喜ばせることに心を配れる人間になってもらいたかったのだ。

事務所は私の城であり、もう一つの家庭ともなった。

❖

この時期、事務所も私も大いに潤った。一件では生涯最高の、約千五百万円の報酬を得たのもこの時代だ。屋敷と言えるほどの新居も建てた。

資金不足だったころ、知らぬ間に依頼者からの預かり金まで手をつけてしまったことや、目先の着手金ほしさに問題のある依頼を引き受けてしまった反省から、「まともに仕事をするには恒産がなくては」と、収入をいろんな形でプール、貯金し、城の守りを固めた。虚弱児だった人は往々にして憶病で、私もその例に漏れない。中小の経営者にとって最後の守り、個人資産の形成にも努めた。「このインフレに貯金だけでは」と、資金を株や土地、アパート経営などに回したら、時流に乗って資産がみるみる膨らんだ。

独立翌年の 1960 年，事務所で初めて行った慰安旅行(淡路島)で

あれも、これも、夢みたいやった。勉強、運動、生活ともミソっかすで、中学生になっても寝小便を垂れていたような私が、こうして世の中を渡って行けるとは。正直なところ、有頂天にもなったなあ。

そこへ、大阪の若手弁護士の間から「あの元気のいいのを、弁護士社会のボス支配にぶつけたれ」という動きが出て、七〇年、大阪弁護士会の副会長の一人に選ばれた。学級委員さえ想像もできなかった私がでっせ。

うれしくて、かいがいしく働いた。総会改革のために定足数を引き上げたり、しばしば上京して、司法をめぐる全国的な動きをつかんで来たり。

閉鎖的で実社会にうとい裁判官をつくるまい、という今の司法改革の流れとは逆に、当時の法務大臣が、裁判官と弁護士を修習時から分けると言い出すと、大阪でもすぐ反対運動に呼応し、その前線に立った。

❖

こんな私に、目をつけた男がいた。伊多波《いたば》重義。私より三つ年下で、後に、検察が強引な見込み捜査で殺人犯をデッチ上げた「徳島ラジオ商殺し」の再審請求でも知られるが、彼は京大自治会の副委員長のとき、ある事件にあっている。

当時の総長が、「学生たちとの論争の場から脱出する際、負傷した」と訴え、伊多波さんらは逮捕、起訴された。刑事被告人の彼は就職できず、その後、司法試験に受かったが、司法研修所入りも拒まれた。だが、アルバイトなどをしながら七年後に無罪判決を得、遅れて弁護士になったご仁である。

七三年一月のこと。弁護士の会合で居合わせた彼が、さりげなく声をかけてきた。「中坊さん、森永ヒ素ミルク中毒事件のその後、ご存じですか」

おののき

かかわり合うと、こっちが危ない

森永乳業の粉ミルクにヒ素が混入し、当時の厚生省調べだけでも被害者は一万二千人を超え、うち百三十人が死亡という大惨事が起きたのは、私が司法研修所に入った一九五五年のこと。すでに十八年の歳月が流れていた。

高度成長が始まって企業育成最優先の国、そして損失を抑えたい森永は、発生翌年にさっさと「後遺症はない」として幕を引いてしまい、被害者たちは冷たい闇《やみ》に放置された。

一条の光が差したのは、事件から十四年後のこと。

大阪の養護学校の先生が、重度脳性マヒの生徒が事件の「元患者」だったことから疑問を持ち、保健婦さんらと手弁当で追跡調査を始めた。その結果、脳性マヒのほかにも、知恵遅れ、視力・聴力障害、皮膚障害、低身長など、多種多様な後遺症、後に「森永ミルク中毒症候群」と私たちが総称した障害を負った被害者が、多数いることがわかってきた。

健康被害にとどまらない。経済、福祉の水準が今よりずっと低かった当時、被害者の家庭は、まさにあえいでいた。「後遺症なし」の当局発表は、周囲から彼らへの冷たい視線も招き、差別さえ引き起こしていた。

この実態をまとめた「14年目の訪問」は、ガリ版刷りの粗末な冊子だったが、この世で真実だけが持ち得る強い力で世間を揺さぶり、被害者たちは「再発見」された。

❖

伊多波さんは、「あれから仲間の弁護士たちで被害者・家族の支援をしてきましてね。ちょっとお願いがあるんで、いっぺん記録を読んでみてください」と、口ぶりに押しつけがましさは全くなかった。ツワモノらしからぬ物静かな紳士でもあり、私は身構えるのが遅れたかもしれない。その場で「ええよ」と返事をした。

すると、彼はすかさず二、三日後、私の事務所に現れ、中毒発生以来の新聞記事、医学調査のまとめ、「14年目の訪問」などを机の上に積んで、「森永と国を訴えます。弁護団長をお願いしたい」と切り出したのだ。

こうなると、とりあえず資料に目を通さないわけにはいかない。

だが、数日かけて読んだ私は、この話は断ることにしようと思った。「かかわり合うと、こっちが危ない」というのが正直な気持ちだった。

❖

イソ弁（勤務弁護士）時代の離婚調停の件のように、私は、人間関係にかかわる「世話物」的なケースが苦手だ。また、人見知りが強く、次から次に別の人の別種の案件をこなしていく、ということも難しかった。長く付き合ってよく知った相手に起きる種々《くさぐさ》のことの面倒をみる、という方向になっていった。少額でも継続的に顧問料をいただく方式は、事務所経営の安定を考えた選択でもあった。そうすると、どうしても私のお客には企業や公団、自治体関係が多くなった。

ヒ素ミルク中毒事件の訴訟は、大企業の森永や国に弓引くものだ。伊多波さんら、支援してきた弁護士たちも多くは左翼系。弁護団長を引き受ければ、私はお客を失うかもしれない。寝小便垂れが四十代半ばでようやくたどり着けた平穏な暮らし、順調に行きかけた自分の人生が危うい。その予感が、私をおののかせた。

鉄槌

お前は、人間として何をする

「森永」裁判の弁護団長の話は断りたいと思ったものの、伊多波さんが置いていった資料を読んだ今となっては、忸怩《じくじ》たる思いはぬぐいがたい。

大きな資本を持つ森永乳業や国は、中毒事件の責任を負って手厚い救済に努めるべきだったし、その力もあったのに、それどころか、傷ついた赤ちゃんたちを更に突き落としていた。中毒の発生は過失でも、今度は故意だ。後遺症を負わされたまま被害児が思春期になり、彼らの親が若さを失うにつれ、ますます深まっていく悲惨さ。

それを知った上で、「ウチの事務所のお客が離れてしまうかも」などと、どの面下げて伊多波さんに言えばよいのか。

懸命に逃げ道を探した私は、父をダシに使う手を思いついた。父は、私が「稼げる弁護士」になったことを喜び、自慢にもしていた。保守的自由主義者で左翼嫌いでもあり、この件を話せば、「左の連中に煽《あお》られて妙なことすな、断れ」と言うのは目に見えている。「親父が猛反対なんで……」という台詞《せりふ》なら、何とか口にできそうだった。

私には、たとえ火の粉を浴びてでも、という剛毅《ごうき》さはなく、といって、「無情」の責めを自ら負う覚悟もできなかったのだ。

❖

実家で私が説明する間、無表情に黙り込んでいた父は、吐き出すように口を開いた。

「公平、お父ちゃんは、お前をこんな情けない子に育てた覚えはないぞ。何でそんなことを、くよくよ相談に来た」

「そもそも、子どもに対する犯罪に右も左もあるか」

「お前は出来の悪い子やった。なるほど今は自分で食えるようにはなった。けどお前、これまで一度でも人様のお役に立ったことがあるか。そんなお前でもご用とあれば、ありがたく働かせてもらうのが当たり前や」

我が子に斬《き》りつけるような父の叱声《しっせい》に、私は一言もなかった。大阪の町工場の再建や、京都の小売市場の立ち退き問題など、学ばせてもらいつつ、多少なりとお役に立ったつもりでいたが、そんなことは父の眼中になかった。確かに、森永ヒ素ミルク中毒事件は、それらと

お父ちゃん，ワシの人生，どやったろな＝自宅で

は次元が違った。

私が小さいころ、父はよく「弁護士っちゅうのは、強きをくじき弱きを助ける、ええ商売やで」と言って聞かせた。公平、その時が今やないか、父はそう言っていた。私が稼ぎのよい弁護士になったことに目を細めつつも、父は原点を忘れていなかったのだ。

また父は、校長排斥運動をして小学校の教師を辞めざるを得なかったが、学舎《まなびや》の日々を胸に抱き続け、教え子たちとの同級会を死ぬまで楽しみにしていた。いとけない子どもたちへ寄せる思いも、その怒りを高めたに違いない。

事務所大事、生活大事、ではお前はいったい人間として何をするのや、そう父は迫った。

❖

「14年目の訪問」の序文に、「ペシャンコの財布と足しかない私たちが訪ね得たのは、ごらんの通りわずか六十八人の方々にすぎません。でも……」という、私の大好きな一節がある。

後に被害者・家族が声明で、「この世に神様があるとしたら、それはこれらの先生方」と呼んだ養護の先生や保健婦さんたちは、私よりずっとつましい暮らしで、しかも公務員の身で国に異議を唱えていた。あの人たちの社会的な立場は、弁護士の私よりはるかに弱かったはずだ。

一方、私は個人的な成功に満ち足り、社会への意識などほとんど持ち合わせていなかった。父はその私の退路に立ちはだかり、真っ向から鉄槌《てっつい》を振り下ろした。

「お父ちゃん、わかった」。私はただうなずき、夜道を帰って行った。

この三年後、父は七十八歳で逝った。「何のためにお前を育てたか、わかってんのか」

――父の遺言と思っている。

ママカリ　「怖さ」の気配に、強張った

森永裁判の被害者弁護団長を引き受けたことは、後になってみれば、事務所のお客を失うという面では、覚悟したより浅手だった。だが、私自身はそれどころでは済まなかった。状況は、やがて私のちっぽけな懸念を超えていく。

❖

弁護団の実動部隊は、若手主体の二十人弱。街頭でビラを配り、集会に連なり、寺で貧乏合宿をし、共に行動した。彼らは、新米団長の私よりずっと後遺症や闘いの実情に詳しいが、如何《いかん》せん、まだ弁護士としての技量が伴わない。それが、伊多波さんが私を引っ張り込んだ理由の一つだったのだが、血気盛んな彼らと厳しいやり取りに及ぶこともあった。

しかも、事は急がれた。損害賠償の請求権は二十年まで。残り二年だ。大阪、岡山、高松と三波まで構える訴訟によっても、原告になるのは該当者のごく一部であり、一日も早く法廷で森永乳業と国の責任を明らかにし、それをテコに被害者全員に救済の道を確保する必要があった。失敗すれば扉は永久に閉ざされる。

だが私にはまだ、この裁判にかかわっていくことの、本当の「怖さ」は分かっていなかった。ゾクリとその気配を感じたのは、弁護団長になって二カ月後、岡山市で開かれた被害者団体の全国理事会の前夜だった。

翌日の理事会では、副団長の伊多波さんと共に訴状を説明する。ようやっとここまで来た。緊張の続く大阪を離れ、気心の知れた伊多波さんと二人、旅館で風呂上がりにビールを引っかけて、私はしばらくぶりにホッとしていた。肴《さかな》は名物のママカリ(ニシンの仲間)の酢漬け。飯を借りてでも食べたくなるから「飯《まま》借り」とかで、なかなかイケる。

その時、伊多波さんがふっと言った。「中坊さん、この裁判、もし負けたらどうしますか」。へえっ、とハシを持つ手が強張《こわば》った。考えてもみなかったこと、それも、明日はいよいよという時に。

そこに、「負けたら、私らもう弁護士はしてられませんな」と、さも当たり前や、というように畳みかけてきた。「私はガリ切りの筆耕か、医療費の点数計算でも食うかな。中坊さんはどうしはります？」

私は返事もできず、無意味にビールを口にした。長い時をさかのぼり、困難な論証に挑むこの訴訟の展望の厳しさと、社会的責任の重さを、伊多波さんは見通していた。

◈

彼は、学生自治会の活動などでガリ切りはお手のもの。ヒ素ミルク問題に取り組む医師たちとも親しく、いざとなれば医療事務の仕事だって世話してもらえるだろう。だが、悪筆で算数も苦手な私には、どちらもとうてい無理だ。

農業をやれば体がもたず、会社員も役人も無事に務まる見込みは薄く、同じ法曹でも検事や裁判官はできなかったろう。その不器用者がやっとたどり着いた「弁護士」を辞めて、どうして食べていくのか。もう四十過ぎだ。

「事務所のお客が減るかも」どころではない。そんなこと伊多波さん、弁護団長を頼むとき一言でも言うたか。ようも今になってこっちの褌《ふんどし》ギュウギュウ締めよって。そうかい、勝ちゃええのやろ。でなきゃもう、落ちるとこまで落ちたれ。私は伊多波さんを誘った。

「飯借り、お代わりいこうやないか」

疑念　弁護団長の身で、この期に及んで

弁護団長を引き受けたのが七三年一月。提訴は四月の予定で、一刻の猶予もならない。ところが、その準備に追われるうちに、頭の中に耳障りな「音」が時おり響くことに気がついた。

はるか十八年前の出来事と、目の前の「被害者」の重い症状とは、本当につながっているのか――被害者弁護団長にあるまじき疑念、許されないことだった。私は懸命に、「この事件について、まだ自分の理解が浅いからで、雑音はいずれ消える」と自らに言い聞かせ、封じようとした。だが、音は日増しに大きく鳴り響いていった。

❖

こんなひどい後遺症が残るのだから、被害者たちはヒ素入りのミルクを数カ月は飲んでいたのだろうと私は思っていた。だが実際は、約二十日間など、短期の人たちもいたのだ。

もちろん、「問題のミルクを飲み始めるまでは全く元気だった」「近親者には同じ障害の者は一人もいない」といった家族らの証言はある。だが、頭から信じてよいのか。確かに、混入したヒ素は一日で中毒症状が出るほどの量ではあったが、急性の症状だけでなく、二十年近くたっても残る「後遺症」とまでなると……。ほかの原因によるケースが混じってはいまいか。

これは根幹部分であり、裁判で森永側もここを突いてくることは確実だ。その根幹を踏み締めるべき自分の足がふらついているため、取り組む姿勢に力を込めることができない。

私は、正義感にあふれて、という人間ではない。父にどやされて弁護団長を引き受けたものの、やはり「他律」では無理だったか。しかし、今になって降りることは絶対許されない。

悶々《もんもん》と考え込むうちに、一つのことに気がついた。

伊多波さんらのような社会問題への鋭い意識は、私にはない。では、何に依《よ》ってこれまでやって来られたのか。それは「現場主義」だ。ところが、今回は途中参加なので、被害者や家族たちも、その暮らしの実態も、十八年間の生活史も、本当の意味では知らない。

記録は精読した。集会の場や、訴訟関係の用事で訪ねた一部の家庭では、被害者・家族に会ってもいる。だがその程度では、現場主義からいえば上っ面、上澄みに過ぎない。

これは、自分なりのスタートを切り直すしかない。用事のついでではなく、原告になる家庭をすべて訪ね、腰を据えてつぶさに見、直《じか》に聞き、沈殿した澱《おり》を舐《な》めてみる。十八年前にその家で何が起きたか、そして今日まで、何があったのか。その真実性を私自身、納得できるか。答えは現場にしかない。

それにしても、弁護団長を引き受けておきながらこの期に及んで、しかも身内を疑うようなこと。私は思い余って、おずおずと伊多波さんに自分の気持ちを打ち明けた。被害者救済に打ち込んできた彼の激しい怒りを買うことは、覚悟した。

◈

ところが、思いがけない言葉が返ってきた。「それは、ええとこに気づかれました。ただし、容易なことではありませんよ。私もご一緒します」。この人は、やはりただ者ではない。

こうして、私たちの行脚《あんぎゃ》が始まった。鬼の住処《すみか》伝説で知られる丹後・大江山の裾《すそ》から、紀州の屋根を擁する龍神村まで。第一波・大阪地裁への提訴に加わる予定の約四十軒の家庭は、近畿地区の多数の該当者を代表する形で、その全域に散らばるように選ばれていた。

行脚を始めて、伊多波さんが「容易でない」と言った訳が身に染みた。私は心身ともに沈み込んでいった。「森永ヒ素ミルク中毒事件」とは何であったのか。闇が口を開けていた。

三つ目の言葉

「アホウ」と、世間が教え込んだ

タケオ君の家は、大阪の下町にある古い長屋の一角だった。

彼は、ヒ素ミルク中毒の典型的な後遺症の一つ、てんかんが次第に悪化し、衰弱の果てに十七歳で亡くなっていた。私が被害者訪問を始める一年半ほど前のことだった。

福祉が手薄な当時、治療費や介護の負担は重く、ましてタケオ君の家は父親を病気で失っていた。二間ほどの家の中に冬の日は差し込まず、勧められてコタツに入ると、左手の棚にタケオ君の写真が飾られていた。まだ四、五歳のころで、少し笑って、澄んで穏やかな目をこちらに向けていた。

この後、病状が悪化するにつれて、体も顔も吹き出物に覆われ、当時のてんかんの薬の副作用で、歯を一本残らず失って老人のようにあごが細り、面変わりしていった。そのことを私は記録から知っており、亡くなる十年以上前の写真を選んで飾っているお母さんの心情に、胸を突かれた。

私は、ぎこちなく切り出した。「さぞ、ご苦労なさったでしょうね」。お母さんは、ありきたりなその問いには関係なく語り始めた。「タケオは、生涯に三つの言葉しか口にできませんでした」。彼の症状は知恵遅れも含んでいた。

「『おっ母』と『まんま』、これだけは口にできないと、この子は生きていけん、そう思って繰り返し繰り返し教えました。三つ目の言葉は、『アホウ』です。私はタケオをアホウとは、ただの一度も言わなんだのに」

それを教え込んだのは、世間だった。タケオ君は学校には通えなかったが、外遊びは好きだった。だが外出するといじめられ、砂や水をかけられることも度々だった。

行政が、森永を守ろうと「ヒ素ミルク中毒に後遺症はない」と表明していたため、「持って生まれた病気をいつまでも森永のせいにして」「金欲しさだろう」などと、被害家庭への差別が助長されていた。その大人たちの歪《ゆが》みに、子どもらも影響されないわけにはいかない。

タケオ君は、近所の子らにいじめられても泣かなかった。「アホやから泣くことも知らん、と世間の人は思ってたでしょうが、タケオは、帰って来るなり私にすがって泣いてました」

彼の弱々しい手足では、身を守るのは無理だ。泣けば相手が面白がり、余計いたぶられると経験から悟ったのだろう。耐えていたんやろう。タケオ君、あんた、泣くことさえ許されなかったんか。

それでも、タケオ君は外が大好きだったという。私が背を丸めて入って来た小さな引き戸、ここから胸を膨らめて出て行き、母にすがろうと逃げ帰って来たんか。

お母さんの小さな体が、カタカタカタと震えていた。「何が悲しい、何が憎いといって、私は世間が憎い。世間の冷たさが憎い」。その口元はきつく結ばれ、目に涙はない。我が子に添うた十七年に枯れ尽くしたのか。

❖

後に原告の一人、矢野君は、法廷で不自由な口で訴えた。「十字架をつくって、僕たちに与えた者は誰ですか。僕たちに、この重い十字架をつくって与えた者……」。森永、国、そして、被害者を打つムチは私たちの手にもあったのだ。水俣病などと同じ構図だった。

それでも外へ出て行くタケオ君の服に、お母さんは「この子が迷子になったら、○○にお電話ください」と記したゼッケンを縫い付けていた。「お電話ください。お礼を差し上げます」と結ばれていた。

無心に遊ぶ子の姿こそ，世の宝やのに＝自宅で

自責の刃

「かなわん」と知った母たちは

被害者訪問で、大津市に住む娘さんの家に出かけた日は、勤め先のスーパーマーケットが休みの番に当たっているはずだった。ところが着いてみると、お父さんが「娘は今日も勤めに出ました」と言う。

娘さんは、中学卒業後、すでに二、三度転職を重ねていた。後遺症が割合に軽い人の中には、このように就職できた人たちもいたが、軽症でも体格が貧弱で虚弱な傾向があるうえ、集中力を保てない、反応が遅い、といった神経面の症状を抱えていることも多く、勤め続けるのは容易なことではなかった。

視覚・聴覚の障害もしばしば生じ、この娘さんも、やっと今の店に勤められたのに、今度は右目をほぼ失明した。お父さんによると、勤め先にヒ素ミルク中毒の子だと知られており、やっぱり無理だろうと、暗に辞めるよう言われていた。「娘は、ここも辞めさせられたら、もう働く所がない、生きていく自信がない、どうか首を切らないでください、というんで休みの日も勤めに出るんです」

何ということや。健康な人以上に休息が必要な、傷められた体だというのに。

この娘さん、そして、いじめられても外では泣けなかったタケオ君、このように世間におびえて生きねばならない患者・家族の姿を、被害者訪問でどれだけ知らねばならなかったか。社会の冷淡さは彼らにとって、這《は》い上がることを許さない絶壁のようだった。

まして大企業の森永乳業や国は、かなう相手ではなかった。そのうえ今日からは信じがたいことに、事件から八年後、刑事裁判一審の徳島地裁は、ヒ素を混入させたことを森永側の「過失」とは認定せず、無罪とした。

病児を抱えて疲れ果てていた被害家庭は、これで力尽きた。一部の人は民事訴訟で賠償を求めていたのだが、「森永無罪」に望みを失って、それも取り下げてしまった。長い闇の時が、こうして始まったのだ。

❖

被害家庭を訪ねると、何といっても、自ら産み、ミルクを飲ませた母親と話し込むことが多かった。

赤ちゃんがミルクを吐き、下痢・便秘になり、発熱し、腹が膨れ、肌が黒ずんでくる。医者に診《み》せても効果がない。そのとき母たちは、衰弱していく子を助けたい一心で、命綱のミルクを懸命に飲ませた。吐けばなお、下痢すれば更に、その分を補わねばと努めた。

それが我が子の中毒を重くしていったのだと知った、その時の酷《むご》い衝撃――。ヒ素ミルクは、母子をもろともに刺し貫いていた。よろめく母たちを、さらに四面楚歌《そか》の状況が抑えつけた。抗議することも、助けを求めることも、道理を訴えることも、すべてかなわない、と知らねばならなかった時、人間はどうなるか。

❖

どんな赤ちゃんにも、哺乳瓶の乳首をプイッと吐き出したり、手で払ったりすることはある。それを母たちは、「あれはミルクの異変に反応していたんでは」と思い返しては苦しんでいた。赤ちゃんに察知できるはずは無いでしょう、と言っても、その言葉は母たちの胸に通らない。

「嫌がったのに、私は、あやし、なだめ、無理にでも乳首をふくませ続けた」

「乳の出ない女が、母になってはいけなんだ」

「この手で毒入りミルクを飲ませたときに、私の人生も終わりました」

意外なことに、森永への恨みはほとんど聞かなかった。

加害企業は責任を取らず、行政は被害者たちの前に立ちはだかって企業を逃亡させた。世間からは冷たくされ、正邪の道理を示してくれるはずの司法にも、逆に足を払われた。世の中すべてから攻撃され、拒まれた母たちは、刃《やいば》を我が身に向けていた。

黄昏の道

裁判長は、途中から天井を向き

京阪奈を分かつ生駒の山並みに、すでに日は傾き、冬枯れのあぜ道を、私たちは近鉄の新田辺駅に向かっていた。「この道を、コウジは精神病院に帰って行くんです」。見送りに来てくれたお母さんは、息子の後ろ姿をそこに思い浮かべているように、先を見やった。

❖

コウジ君も、てんかんを患っていた。発作のほか、時折わけもなく乱暴になってしまう症状があった。その時は自分で前もってわかるので、家の外に出て石を投げたりするのだが、それでも治まらず、つい弟や妹の机を荒らしたりする。障害のない弟妹が勉強する姿に、取り残されるような悲しみが、彼の胸を吹き荒れてしまうのだろうか。

コウジ君が小さいうちは、お父さんが力ずくで乱暴を止められたが、それが難しくなってきたころ、彼は自分から「精神病院に入る」と、家を出た。

その後、時々は家に帰って来るが、決して泊まらず、「暗くなる前に」と、病院に戻って行くのだそうだ。私たちがあぜ道をたどっていたのと同じ黄昏《たそがれ》どき、家々でぼつぼつ夕飯の支度も始まるこの時分に、家を出て列車に乗り、一人、病院へ帰って行くという。

そうせねばならんほど、ほんまは家が恋しいのやろう。もう少し長居してしまうと、両親や弟妹と温かい夕餉《ゆうげ》の膳《ぜん》を囲みたくなり、そうすれば今度は泊まりたくなる。まだ少年なんやから。

しかし、腰を落ち着けるうちにまた家族に迷惑をかけてはいけない、里心がついてしまってはいけない、とけなげに堪《こら》えていたんやろう。

私は、遠ざかる彼の家を振り返った。家族を思って、あそこにある幸せの外に自分を置くことにしたコウジ君。「泊まっていき」の一言はかえって酷《むご》いから、お母さんも黙って見送るのやろう。

❖

七三年四月十日、第一波の三十六人が大阪地裁に提訴。第一回口頭弁論に弁護団長として立った私は、弁論の半分近くを被害者訪問の報告に費やした。

ゼッケンを付けて外遊びしていたタケオ君、解雇を恐れ、傷んだ体を押して休みの日も働いていた大津の娘さん、そしてコウジ君、ほかにも、「勉強しようと思っても体が言うことをきかん」と畳をかきむしって泣いていた娘さん、我が子の外出中に電話がかかるたび、「今度はどこで倒れたか」と心臓が凍る思いの家族たち。

私の手には、丹後の辺鄙《へんぴ》な町の家庭を訪ねたときに借りて来た、問題の粉ミルクの缶があった。赤茶色の錆《さび》の中に、なお残る宣伝文を私は朗読した。「乳児に消化吸収しやすい滋養素を取り加え」「発育に必要な各種ビタミン塩類を添加して衛生的に乾燥粉末した」「最も理想的な高級粉乳」……。

良かれと願って飲ませた母たちは、十八年の後も自分をムチ打ち続けていた。

夢中で語った四十分間、用意した弁論原稿には結局、一度も目をやらなかった。けれど、そのコピーを渡してあった取材記者によると「寸分違わなかった」という。暗記する気はなかったが、自然そうなった。ずっと被告席を見すえて話していた私に、後で弁護団の仲間が、裁判長が途中から天井を向いていた、と教えてくれた。「立場上、涙見せられんもんなあ」

この春と翌春、被害者と同い年の若人たちが、大学へ、あるいは就職と、飛び立って行った。

お宅は家族一緒に暮らしてこられて，良かったなあ＝被害家庭で

攻勢

森永も国も、全面的に争ってきた

裁判は、毎月二日ずつ終日開廷という異例のハイペースで進んだ。強化合宿が毎月課されるようなものだ。毎回の課題をクリアして臨むために、平均三日に一回の割で弁護団会議を開いた。損害賠償請求権の失効まであと二年しかなく、裁判所に特段の配慮を求めた結果だった。

私たちが訴えたのは、森永乳業と国だ。森永の徳島工場で、乳質安定剤として添加した第二リン酸ソーダにヒ素が混入していて、事件は起きた。

この五年前、厚生省は、食品衛生法の厳しい添加物規制を局長通達によって緩め、「単純な中和反応」で合成された物質を法の対象から外していた。だが、たとえ主成分は問題なくても、人工合成には必ず不純物が伴うことを考えれば、不用意極まりない措置だった。これによって、問題の「第二リン酸ソーダ」が安易に添加される道が開いてしまった。事件の二年後、国は食品衛生法を改め、「単純な中和反応」による生成物を再び法の対象とした。

さらに国は、発生当時だけで百三十人もの死者を出した乳児のヒ素中毒の予後、という未知のことを注意深く見守り、被害者の福祉を守る、行政として当然の責任があった。ところが、実際には被害者でなく加害企業をかばい、形ばかりの調査やいい加減な一斉検診によって、早々の幕引きを主導したのだ。

❖

私たちの訴えに対し、森永も国も、ほぼ全面的に争ってきた。森永の反論の最大のポイントの一つが、「購入した添加物に毒物が混じっている可能性まで、気を回す義務はない」というもので、刑事一審の無罪もこれで勝ち取っていた。

しかし、この「第二リン酸ソーダ」は、精錬工場から出る廃棄物の使い道として新たに開発されたもので、同じ廃棄物からの製品を機関車のボイラーの洗浄に使おうとした国鉄は、品質検査でヒ素を発見し、返品していた。それなのに、およそ、赤ちゃんの乳に無造作に加えることがあってよいものか。赤ちゃんは乳だけにすがって命をつなぐ。その安全を守ることは、根源的な責務であるはずだ。

主な反論のもう一つは、「因果関係」だった。森永は、十八年前の自社ミルクの飲用期間

1973年4月10日，大阪地裁に訴状を提出する原告団
(中央＝中坊)

と飲用量を、原告一人一人について具体的に報告するよう求め、そのミルクが様々な症状につながったと言うなら、そうなる仕組みも明らかにせよ、と無理難題を要求してきた。

ヒ素は諸臓器のほか、神経系や血管系を大きく傷つけて二次障害も引き起こす。そのうえこの事件の場合、被害者たちは体の形成が劇的に進む乳児期だったため、それが乱されたことによる影響も重なって、病状は複雑多岐にわたっていた。

この絡まった糸玉をほぐす遠大な研究が、被害者側に課されるのか。誰がするにせよ、いつになるのか。科学論争の底なし沼に引きずり込もうとする意図は明らかだった。

しかし、風は私たちの背後から吹いていた。提訴に先立つ二年ほどの間に、イタイイタイ病、四日市ぜんそくなどの公害裁判で、相次いで患者側が勝訴した。その中で、病因の特定は疫学的証明で十分と認められたのだ。ある症状が「被害者」の間に一般より明らかに高率で発生しているなど、原因―結果の関係と見なすのに必要な、幾つかの所定の条件を満たしていれば、発病メカニズムの直接証明までは必要なくなった。

❖

こうして、私たちは争点の全面にわたり被告側を押していった。だが、前線で強行軍に次ぐ強行軍を重ねているうちに、本隊との間で、進む道が分かれつつあることに気づいていなかった。

急流

森永は、交渉の席に戻ったが

被害者・家族らは、「裁判」「不買運動」「森永乳業・国との直接交渉」の三つの手段で救済を求めていった。

裁判で請求できるのは、過去の損害の賠償だけだ。しかし、タケオ君は事件の十六年後に死亡し、大津の娘さんは、それより更に後になって右目を失明したように、後遺症はいつ何が起きるか、そして経過も未知で、被害家庭はおびえていた。このため、被害者たちの今後の治療、健康管理、養護や生計の支援といった恒久対策には、金額を予定できない資金と、実施のための制度が必要になる。だが、こうした求めに裁判という枠組みは対応できない。

半面で裁判は、社会に開かれた公の場に相手を引き出し、証拠と論理をぶつけ合って、理非曲直を明らかにしていくことができる。

これに対し、直接交渉は「任意」で公的な力が働かないだけに、相手が逃げてしまうこともあれば、当事者間の力関係が露骨に出ることもある。だが任意ゆえに、あらゆる解決の形を探ることができる。

そこで、弁護団と被害者団体「森永ミルク中毒のこどもを守る会」は、裁判と直接交渉を組み合わせて闘うことにしていた。裁判によって是非をただし、社会に訴え、また不買運動も展開して、それらの力で森永を交渉の席に着かせ、最終的に恒久対策の実現を迫るのだ。

❖

「14年目の訪問」が反響を巻き起こした翌年の七〇年、森永は世論に押され、ついに直接交渉の席に着いたものの、やはり一方的に中断を繰り返した。だが、七三年四月に私たちが提訴すると、翌五月、自ら交渉の再開を申し入れてきた。九月には、厚生大臣も初めて交渉を呼びかけてきた。こうして十月から、守る会、森永、厚生省の「三者会談」が始まった。

この場で、守る会は裁判での優勢を背景に、自分たちで作った恒久対策案の実現に向け、森永と国の譲歩を引き出していった。

さらに十一月二十八日。

森永側の業務上過失致死傷罪を問う刑事裁判は、一審無罪の後、最高裁まで争われた末に徳島地裁に差し戻されていたが、この日ついに、逆転有罪の判決が出た。森永の徹底抗戦を受けて十八年がかり。起訴は事件直後のことだったから、後遺症の問題は訴因に含まれなかったとはいえ、ようやく、法の手が責任を負うべき者の一端にかかった。

しかも裁判長は、起訴されなかった国に対しても、「なんら適切な行政指導がなされていない」と判決でわざわざ指摘した。これには国も焦りを深めたはずだ。

❖

厚生省はしきりに最終合意を呼びかけ始め、森永も「三十億円用意する」など、従来より思い切った提案をしてきた。守る会は懐柔を警戒しつつも、これらへの対応、意思決定を次々迫られた。この急流の中で、守る会執行部と弁護団との意思の疎通が、追いつかなくなっていった。

弁護団の方も、ハイペースの審理に全精力を吸い取られていた。頻繁に弁護団会議を重ね、手分けして調査、資料作り、証人との打ち合わせなどに奔走した。被害家庭から報酬をいただける状況ではないから、皆、事務所の維持や生計のための仕事もこなさねばならない。私も、前の冬に被害者訪問を始めて以来、休みは一日もなく、終電で帰宅する日々が続いていた。目前のことに集中せねば、とてもやっていけない。

瞬く間に年が改まるかと思われたそこに、知らせは突然もたらされた。

撤退拒否　国の仕掛けに、揺さぶられ

七三年も押し詰まった十二月二十三日になって、よもやの事態が起きた。「森永ミルク中毒のこどもを守る会」、森永乳業、厚生省の代表によるこの日の第五回三者会談で、「確認書」が作られ、即日、守る会理事長、森永乳業社長、厚生大臣が調印したというのだ。そして守る会執行部は、提訴取り下げの方針を原告団に通告してきた。もとより、この訴訟の実質的な原告は守る会であり、原告団のメンバーは多くの被害者の代表として立てられていたのだが、それにしても、前面で行動してきた彼らにも、私たち弁護団にとっても、寝耳に水の急展開だった。

確認書は、森永は企業責任を認めて謝罪し、守る会が決めた被害者救済のための恒久対策案を尊重し、同案に基づいて設けられる委員会の決定に従い、一切の費用を負担する、など五項目だった。森永が最後までこだわった拠出金額の明記は、上限設定につながりかねない、として見送られた。

国は、森永を無条件降伏させることで、刑事裁判での逆転有罪から一カ月足らずで合意に持ち込んだのだ。確認書では、厚生省は恒久対策案の実現を「援助」し、行政上「協力」する、とされているだけで、国は補償からも、責任からも逃げ切っていた。

❖

弁護団は、一審勝訴を勝ち取り、その重みによって直接交渉で納得のいく最終決着をと、懸命に取り組んできた。それに、判決というものは普遍的な影響力を持つ。先行の公害裁判で、疫学的因果関係を認める判決が得られていたことは、「森永」訴訟の力になってくれていた。そしてここで勝訴すれば、さらに新たな里程標を打ち込むことができる。

それが取り下げとなれば、一転して危うい「武装解除」の道だ。被害者団体は中毒発生の翌年、森永と救済の「覚書」を結ぶのと引き換えに解散させられ、それがまやかしと気づいた時はすでに遅く、組織を再建できずに運動がついえた歴史を持つ。その空白の苦さを、よもや忘れたわけではあるまいに。

しかし弁護団の責任者としては、守る会執行部が、性急な国の仕掛けに、なぜ敢《あ》えて乗ったのか、それも考えねばならない。

確かに、確認書には一片の国の反省、謝罪もない。後遺症との因果関係を認める文字もない。だが補償の面では、守る会が、治療、健康管理、養護、生活権の回復などを総合的に検討した恒久対策案が、実質丸呑みされていた。守る会執行部には、これ以上突っ張ることへの不安もあったろう。

それに、重症者を抱える家庭には一刻も早い救済が必要だ。事件から十八年、被害家庭はもう十分過ぎるほど苦しみ、闘った。耐えた。そのことは、被害者訪問をしてみて重々わかっている。なれど一方で、私が指揮し、苦労させてきた弁護団の面々が、判決の必要性を訴え、抜き打ち的合意に憤慨する気持ちも、誰よりよく分かる。

完全に板挟みになった私は、とうとう心身が普通でなくなった。すでに一年近く休みがなく、土日・祝日は主に被害者訪問にあてて近畿一円の奥地まで足をのばし、被害家庭の酷《むご》い実態の中に入っていったので、週末に疲労はより深まり、心も重く沈むのだった。典型的な過労死への道だった。

そこに、「確認書」問題が引き金を引いた。睡眠薬の世話になり始め、味覚にも異常をきたした。食事中に突然、一切の味が消えてしまう。砂をほおばっているようで、トイレに駆け込んでは吐いた。それが度重なると、怖くて人前では食事ができず、食べられる時には、ここで食べねば倒れてしまう、とドカ食いしてまた体調を崩した。精神面からくる障害らしかった。

◆

結局私は、守る会執行部の意に反して法廷に踏みとどまる決意を固めた。いま撤退しては、そこに付け込まれかねない。また、個々の被害家庭の思いも、必ずしも守る会執行部と同じではなかった。

道が分かれ、危険な時間が流れ始めた。

旅立ち

「解任」、その言葉を聞こうとは

明けて七四年一月、私たち弁護団は予定どおりに裁判への取り組みを進めた。

もちろん、守る会執行部と弁護団が別々の道を行くこの状態は、早晩もたない。打開の道を懸命に探るうち、「守る会執行部が弁護団の全員解任を検討」という情報が飛び込んできた。

あり得ない。このとき対立していたとはいえ、手を携えてここまできた仲間だ。それに、困難な裁判を優勢に進めてきたことが、直接交渉で大きな力になったのは誰の目にも明らかなはず。私は大阪市内の守る会幹部宅へ、確認に向かった。

❖

ところが、彼は否定しなかった。事実、一部に解任論が出ていると言う。「弁護団は、被害家庭の救済より自分たちの主義主張のためにやっているように見える。森永裁判に勝つ、という弁護士としての成果の方が大事ですか」

こんな言葉を聞かされようとは――。弁護団は皆、この人たちを放ってはおかれんという思いで、報酬もなく体の限界まで闘ってきた。その人たちに感謝もされず、「解任」の言葉さえ聞こうとは。

その帰り道、私は国鉄片町線の放出駅《はなてん》のホームで、行き来する電車を腑《ふ》抜けのように見送っていた。「何のためにこれまで」。すでに病的な状態に陥っていた心に、短刀を突っ込まれたようだった。

さっきから、体がすすーっとホームの縁《へり》に引き寄せられそうだった。こういう時は悲壮な覚悟で、恐怖を振り切って最期の一歩を踏み出すのかと思っていたが、むしろ、吸い込まれそうな感覚にふわふわと包まれていた。

どのようにあの場を逃れたか、記憶は朦朧《もうろう》としている。もしも「森永」が、私の人生で体力、気力の総合が最高だった四十代半ばの時でなかったら、と思うことがある。

◆

私は、腹を固めた。実質的な原告である守る会の執行部が提訴取り下げを決めた以上、最終的には、弁護団は従うか、辞任・解任しかない。だが辞任・解任は分裂であり、誰を利す

皆さんと，良いご縁でありますように

るか明らかだ。

被害者訪問で会った「ヒ素ミルクの子」たち、その子を包み守って十九年目を耐えている家族らを思えば、私たちが鉛をのむような思いをしようと、それが何ほどのことか。

それに、損害賠償しか求められない裁判の限界を考えればこそ、最終決着を直接交渉に求めてきたはず。弁護団は改めて原点を見詰めるべき時だ。

だがそれにしても、今直ちに「武装解除」を受け入れては、被害者組織をつぶされた、かつての二の舞いになりかねない。森永は「確認書」以降も、裁判では依然、因果関係や被害者の認定範囲をめぐって激しく争い、謝罪もしない、という不可解な態度をとり続けていた。その真意、社内合意を見極めねばならない。

二月、三月と、法廷では疫学的因果関係を中心にさらに詰めつつ、私は弁護団、守る会双方の説得に努め、森永、厚生省と法廷外でも交渉を続けた。

❖

そして四月二十五日、確認書で救済事業の中心と予定された委員会が、守る会の主導のもと、森永が出資して財団法人「ひかり協会」として設立された。それを見届けた五月八日の法廷で、私は裁判長に「これからの応答は重要なので、そのまま口頭弁論調書に記載を」と求めた。森永と国側には、法廷での姿勢を確認書に一致させるなら、こちらも矛を収める、とあらかじめ伝えてあった。

私は、企業責任、謝罪、救済資金の拠出に上限がないことなど、確認書のポイントをすべて取り上げてただし、森永はこれらを明確に認めた。確認書にはなかったが、国からも、救済の遅れへの謝罪を述べさせて、すべては裁判所の公式記録としてとどめられた。

五月二十四日、提訴取り下げ。以来、今日まで森永乳業が忠実にその義務を果たしてきたことは評価したい。

◆

「確認書」から半年近くの困難だった道を振り返るとき、いつも心に浮かぶ光景がある。

三月ごろ、会議で隣に座った伊多波さんが、顔も手も、服から出ている肌が吹き出物だらけで、様子が尋常ではない。「どこぞ悪いんと違うか。医者へ行かなあかんよ」と言うと、あの温厚な彼が激高した。

「体が悪いことくらい自分でわかってるがな。医者へ行けば、治療だ、静養だと言われるに決まってる。そう言われて、ここで一日でも休んでられるんか。できもせんこと、ありきたりに言わんでくれ」

これが、命懸けるっちゅうことか。

「確認書」以来の出来事に彼自身深く傷つき、しかし弁護団の副団長として、判決という目標を失った仲間を引き締め、最後まで油断なく駆け抜けた。勢いに乗って攻めたそれまでより一層難しいこの闘いに、彼は満身創痍《そうい》で、赤剝《む》けの神経がビリビリしていた。

危うかったのは私だけでなく、「森永」では何人もの人が文字どおり命を懸けたのだ。この世にこんなことが現実にあろうとは、それまで思いも寄らなかった。

あの日々がなくとも、私はそれなりに腕の立つ弁護士になっていたろう。依頼者に喜ばれ、事務所は繁盛し、家庭も円満裕福で、何の不足もなく、人に何か言われる筋合いもない。けど、いつか寂しかったかしれんなあ。

人が、人生の軌跡を描いていく「原点」を模索するのが青春であるなら、森永裁判は私の青春だった。四十四歳の、誠に遅かりし青春だった。

そして、新しい旅立ちを与えられた。

お別れに

この物語を、森永ヒ素ミルク中毒裁判の終結をもって閉じたいと存じます。中坊公平という人間の原型は、「森永」までで出来上がりました。この後、社会的に知られる事件を幾つか手がけることになりますが、それらは私にとって、言わば応用問題でした。

多難な世ではあります。人生には寂しさの色も濃い。けれど「シューマイ弁当」の回でも申し上げましたように、苦しい時の中にあっても、幸せは身近な暮らしの中に、ときには日に何度も、私たちを訪れているのではありませんか。さあ、新しく生まれてくる日々へ、ともに歩んでまいりましょう。

中坊公平

「中坊公平」本書関連年譜

1929年 (昭和4)	京都市内で誕生(8月).	
31年		満州事変
42年	松原中学(京都市)受験失敗，同志社中学へ.	
44年	学徒動員で尼崎市へ(同志社中学3年).	
45年		敗戦
47年	同志社中学卒業．旧制三高の受験失敗．同志社大学予科入学．父の実家(京都府井手町)で農業を始める.	
48年	同志社大学(新制)1年生に．体を壊す.	
49年	同志社外事専門学校に編入学.	
50年 (昭和25)	京都大学(旧制)入学．公務執行妨害で検挙.	朝鮮戦争勃発
52年	司法試験(1回目)失敗．秋から下宿.	
53年	京都大学卒業．司法試験(2回目)失敗.	
54年	司法試験(3回目)合格.	
55年	司法修習生に.	森永ヒ素ミルク中毒発生
57年	弁護士に.	
58年	見合い.	
59年	結婚．大阪市内に弁護士事務所を開く.	皇太子(現天皇)成婚
60年 (昭和35)	大阪市内の町工場の再建を担当.	安保闘争
62年	京都市内の小売市場の立ち退き問題を担当.	
64年		東京オリンピック
70年 (昭和45)	大阪弁護士会の副会長(-71年).	大阪万博
73年	森永ヒ素ミルク中毒事件の被害者弁護団長に．大阪地裁などに提訴.	第1次オイルショック
74年	「森永」提訴を取り下げ.	
76年	母が死去(4月)．父が死去(11月).	

取材を終えて

武居克明（朝日新聞・学芸部記者）

「金ではなく鉄として」は、朝日新聞に二〇〇〇年七月二十四日から翌年十二月三十一日までの一年半、毎月曜（朝刊）の家庭面に連載された。この間、十日に一度ほどの割合で大阪、京都あるいは東京で、中坊さんへの取材を続けてきた。

冒頭は、中坊さんが小学校三、四年生のころである。六十年の昔であり、その優れた記憶力に驚かされることが多かったとはいえ、難行苦行をお願いしてきたことは否めない。終章の「森永」裁判でさえ四半世紀前のことである。

インタビューし、それをひとまず物語の形に編んでお見せする。すると、定着された文字の上と、脳裏に残る遠い記憶のイメージとの間を行きつ戻りつしながら、中坊さんの回想の回路は本格的に回り始めるようだった。

どの部分が欠落しているかもはっきりしてくる。中坊さんは、事務所のスタッフに古い記録を取り出させ、ゆかりの人に問い合わせ、こちらも、当時の現場にお連れしたり、関係者にお会いいただいたり。数十年ぶりの再会も数々あった。そのようにして、過去は立体的な陰影をまとって立ち上がっていった。毎週の原稿作成は、こうしてどんどん膨らむ内容を追いかけてバージョンアップを繰り返し、進行は常に綱渡りだった。

森永裁判をもって幕を閉じることは初めからの予定であり、一つのビルドゥングスロマン

（主人公の人間形成史を描いた物語）としてご理解いただければと願っている。

中坊公平という人物のキーが、「弱さ」にあることは、多くの方がお感じになるのではないだろうか。たとえば劣等感、特に小さいころ染みついたそれを度々口にされるように、他の人からどう見えようと、ご本人は自身の弱さを鋭敏な感受性で深く胸に刻んできた。そして、それが中坊さんを駆るエネルギーになっている。

「通学路」の回に、「（中学生当時の辛かった自分を慰めてくれた）空想癖が高じ、授業中につい楽しくなって口笛まで吹いてしまい」先生に叱られた思い出が出てくるが、実はこの時、中坊少年は教室の窓から、日溜りで遊ぶ小鳥たちを見ていた。「楽しげな様子に見とれるうちに、体は教室の席に残したまま、意識は窓を抜けてその小鳥たちにまじり、一緒になって戯れ、さえずっておった」。その口笛だったのだ。

「ほんまにワシは、小さい子がそのまま大きゅうなってしもうたみたいで」と言われる。確かに、幼い子は我を忘れて対象の中に没入していく。本などの作中人物になり切ってともに笑い、泣き、高い所から飛び降りるなど危ない真似さえしたりする。対象との距離がまだとれないため、とも言えるが、自分を相手に完全に重ねていける一つの能力と言うことも出来るだろう。普通の子の中でこの能力が薄らいでいく年ごろに、中坊さんは辛い自分を異世界に連れ去ってくれるものとして、それを保存したのだろうか。

中坊さんは、弱い人がいじめられているのを目にすると、「お、オレのお仲間がやられておるぞ」と、ひゅーっと気持ちがそこに飛んでいくのだそうだ。「終いには、まるで自分がやられておるような、くっそお、と体に震えがくるような気分になってくる」。自らの内に見る「弱さ」と、目が吸い付けられた、その先の「弱さ」とが、特異な同化能力で深く重なり、そこから中坊さんの力が噴出する。いじめているのが常識的にはかないそうにない相手でも、「噛みついて、血でも飲んだるがな」となる。

体の芯から発するこの力には、「――すべき」「――せねば」と頭で考え、それより深く根を張れないままの動機とは比較にならない強靱さがある。自分は実は対岸や高い所にいて、そこから手を差し伸べるのでは到底不可能な、全幅の共振エネルギーの放出が始まる。

中坊さんの中で、弱さは強さでもあり、弱さが強さである、とさえ見える。小売市場の人たちとともに、弁護士の身で罪に問われかねない危地に突っ込んで行くその姿を、そしてまた、「森永」の被害者訪問で、被害者・家族の心情にもろともに浸っていく様を、読者の方々はどうご覧になっただろうか。

この作品の写真は、朝日新聞・映像センターのスタッフで、人物写真を得意とする郭允《かくまこと》カメラマンが担当した。また、すべてのことの発端は、家庭面担当の西川祥一・学芸部次長の「まさか家庭面に、という人物を登場させたい。ついては中坊さんで何かできないか」という提案だった。岩波書店の上田麻里さんは、連載終了後すみやかに出版するため、様々なご無理をしてくださった。末筆ながら、連載中、読者の方々から多数のお便りをいただき、それぞれにお返事はできなかったが、どれほど力づけられたことか。篤く感謝いたします。

金《きん》ではなく鉄として

2002年2月25日　第1刷発行

著　者　中坊公平《なかぼうこうへい》

聞き手・構成　武居克明／写真撮影　郭　允

発行者　大塚信一

発行所　株式会社 岩波書店
〒101-8002 東京都千代田区一ツ橋 2-5-5
電　話　案内 03-5210-4000
http://www.iwanami.co.jp/

印刷・理想社　カバー印刷・NPC　製本・牧製本

ISBN 4-00-022516-2　Printed in Japan